核心素养视角下初中英语教学研究

冯　华◎著

文化发展出版社
Cultural Development Press
·北京·

图书在版编目（CIP）数据

核心素养视角下初中英语教学研究 / 冯华著 . — 北京 : 文化发展出版社，2024.3
ISBN 978-7-5142-4043-6

Ⅰ . ①核… Ⅱ . ①冯… Ⅲ . ①英语课－教学研究－初中 Ⅳ . ① G633.412

中国国家版本馆 CIP 数据核字 (2023) 第 137709 号

核心素养视角下初中英语教学研究

冯　华　著

出 版 人：宋　娜
责任编辑：周　蕾　　执行编辑：王雅文　　责任校对：岳智勇
责任印制：邓辉明　　封面设计：守正文化
出版发行：文化发展出版社（北京市翠微路 2 号 邮编：100036）
网　　址：www.wenhuafazhan.com
经　　销：全国新华书店
印　　刷：天津和萱印刷有限公司

开　　本：710mm×1000mm　1/16
字　　数：220 千字
印　　张：12.25
版　　次：2024 年 3 月第 1 版
印　　次：2024 年 3 月第 1 次印刷

定　　价：72.00 元
I S B N：978-7-5142-4043-6

作者简介

冯华（1982.09—），女，本科学历，高级教师，从教于延安市新区第一中学。多年从事初中英语教育教学研究工作，致力于学生核心素养下英语“听、说、读、写”的探索研究，积极倡导“体验、探究、合作、共享”的课堂教学理念。2016年获得“陕西省教学能手”称号，2020年荣获“陕西省学科带头人”称号，同年成立“冯华英语工作坊”，带领团队对英语活动观及大单元教学进行探索研究，发挥团队优势，不断优化英语教学水平，辐射带动区域内的英语教育教学。主持并结项了省级课题两项，市级课题三项。参与省级课题两项，主持在研省级课题一项。多次参与陕西省英语假期作业编写工作，发表论文多篇，其中一篇发表于核心期刊《中小学外语教学（中学篇）》，一篇发表于《试题与研究》。

前　言

近年来，核心素养成为基础教育改革的主流理念。发展核心素养是落实立德树人根本任务的一项重要举措。学生核心素养的培养主要通过学科的教育教学来实现。在这个大概念下，衍生出英语学科核心素养。它由学科关键能力和学生必备品格两个方面构成，包括语言能力、思维品质、文化意识和学习能力四个维度。初中生英语学科核心素养的培养，需要通过初中英语学科教学来实现。

全书共九章。第一章为绪论，主要内容为核心素养概述、初中英语教学要素、英语学科核心素养的内涵、初中英语核心素养教学的重要性等；第二章为初中英语教学现状，主要阐述了初中英语词汇教学现状、初中英语语法教学现状、初中英语听力教学现状、初中英语阅读教学现状、初中英语口语教学现状、初中英语写作教学现状等内容；第三章为核心素养下初中英语词汇教学，主要内容为初中英语词汇教学概述、初中英语词汇教学设计、核心素养下初中英语词汇教学策略等；第四章为核心素养下初中英语语法教学，主要内容为初中英语语法教学概述、初中英语语法教学设计、核心素养下初中英语语法教学策略等；第五章为核心素养下初中英语听力教学，主要内容为初中英语听力教学概述、初中英语听力教学设计、核心素养下初中英语听力教学策略等；第六章为核心素养下初中英语阅读教学，主要内容为初中英语阅读教学概述、初中英语阅读教学设计、核心素养下初中英语阅读教学策略等；第七章为核心素养下初中英语口语教学，主要内容为初中英语口语教学概述、初中英语口语教学设计、核心素养下初中英语口语教学策略等；第八章为核心素养下初中英语写作教学，主要内容为初中英语写作教学概述、初中英语写作教学设计、核心素养下初中英语写作教学策略等；第九章为基于英语学习活动观培养核心素养的策略，主要阐述了英语学习活动观的提出、英语学习活动观的内涵、英语学习活动观培养核心素养的策略等内容。

本书在撰写过程中，借鉴了许多前人的研究成果，在此表示衷心的感谢！并衷心期待这本书在读者的学习、生活以及工作实践中结出丰硕的果实。探索知识的道路是永无止境的，本书还存在着许多不足之处，恳请前辈、同行以及广大读者进行斧正，以便改进和提高。

目 录

第一章　绪论 …… 1
第一节　核心素养概述 …… 1
第二节　初中英语教学要素 …… 7
第三节　英语学科核心素养的内涵 …… 12
第四节　初中英语核心素养教学的重要性 …… 17
第二章　初中英语教学现状 …… 19
第一节　初中英语词汇教学现状 …… 19
第二节　初中英语语法教学现状 …… 22
第三节　初中英语听力教学现状 …… 24
第四节　初中英语阅读教学现状 …… 28
第五节　初中英语口语教学现状 …… 32
第六节　初中英语写作教学现状 …… 34
第三章　核心素养下初中英语词汇教学 …… 37
第一节　初中英语词汇教学概述 …… 37
第二节　初中英语词汇教学设计 …… 53
第三节　核心素养下初中英语词汇教学策略 …… 64
第四章　核心素养下初中英语语法教学 …… 72
第一节　初中英语语法教学概述 …… 72
第二节　初中英语语法教学设计 …… 81
第三节　核心素养下初中英语语法教学策略 …… 92

第五章　核心素养下初中英语听力教学 …………………………………… 99

第一节　初中英语听力教学概述 …………………………………………… 99

第二节　初中英语听力教学设计 …………………………………………… 106

第三节　核心素养下初中英语听力教学策略 ……………………………… 112

第六章　核心素养下初中英语阅读教学 …………………………………… 115

第一节　初中英语阅读教学概述 …………………………………………… 115

第二节　初中英语阅读教学设计 …………………………………………… 126

第三节　核心素养下初中英语阅读教学策略 ……………………………… 132

第七章　核心素养下初中英语口语教学 …………………………………… 141

第一节　初中英语口语教学概述 …………………………………………… 141

第二节　初中英语口语教学设计 …………………………………………… 146

第三节　核心素养下初中英语口语教学策略 ……………………………… 154

第八章　核心素养下初中英语写作教学 …………………………………… 159

第一节　初中英语写作教学概述 …………………………………………… 159

第二节　初中英语写作教学设计 …………………………………………… 165

第三节　核心素养下初中英语写作教学策略 ……………………………… 174

第九章　基于英语学习活动观培养核心素养的策略 ……………………… 177

第一节　英语学习活动观的提出 …………………………………………… 177

第二节　英语学习活动观的内涵 …………………………………………… 178

第三节　英语学习活动观培养核心素养的策略 …………………………… 182

参考文献 …………………………………………………………………… 185

第一章 绪论

本章分为核心素养概述、初中英语教学要素、英语学科核心素养的内涵、初中英语核心素养教学的重要性四部分。

第一节 核心素养概述

一、核心素养的研究现状

（一）国外核心素养研究

“核心素养”的英语表达为“Key Competence”，即关键能力。从词源学角度来看，“素养”即“competence”，来自古拉丁文“competere”，其意思是“合力奋斗”。作为21世纪课程改革的核心内容，“核心素养”这一概念的产生并不是偶然的，它根植于传统的以能力为本的教育改革历史中。1972年，德国职业教育科学家梅腾斯（Mertens）最早提出了关键能力的概念，是指某种普通、可迁移的以及对劳动者未来的发展能够起到至关重要的作用的能力。这种解释对后来欧美教育的发展有着深远的影响。20世纪70年代，英国、美国、澳大利亚等国家进行了以能力为本的教育改革。随着时代的变迁，人们的能力观在不断地发展。传统的能力标准无法应对21世纪学生对学习结果的需求与期待。因此，基础的知识技能目标就逐渐从培养核心倾向以掌握核心内容转变为“运用、整合、推理”或“能力、知识、情感态度价值观”三者的整合统一。显然，改革取得了一定程度的成功。可以看到，这种核心素养内容体系中“能力”的概念已经无法代表新时期的教育目标，所以也就催生了“核心素养”这一概念。

20世纪80年代，世界各国及众多国际组织对核心素养展开了不同方向的研究，建立了结构完整的核心素养体系。在新课程改革的浪潮中，各国际组织以及世界各国各地区纷纷组织社会科学、哲学、教育心理学、心理学以及教育学等领域的专家来制定学生核心素养的模型，以培养学生在未来社会的竞争能力和生存能力。第一个系统性地完成了学生的核心素养体系构建，并对当前各国的核心素养体系产生深远影响的核心素养项目，是 1997 年 12 月经济合作与发展组织（OECD）启动的“素养的界定与遴选的理论和概念基础”项目。该项目明确了核心素养的内涵，也就是以行动和情境为导向，是技能与知识、情感态度与价值观的结合，还要有能够满足成功开展工作要求的各种能力。同时，还遴选了核心素养以自主行动、互动地使用工具和在社会异质团体中互动的内容结构。OECD 大部分的成员国，包括一些非 OECD 国家或地区也采用了这一种理论模型来构建本土化的核心素养体系，如澳大利亚、新西兰等国。此外，即使许多国家和地区与 OECD 核心素养的框架不是完全相同的，但其内容大都可以分为人与工具、人与自我和人与社会这三个维度，彼此之间的关系也是并列交互型。还有一些国际组织也对核心素养的概念做了界定，联合国教科文组织（UNESCO）特设工作组在 2013 年明确提出了贯穿于人一生的七个学习领域的核心素养指标体系，涉及从幼儿阶段一直到中学阶段的学习方式、身体健康、文化艺术、文字沟通、社会情绪、认知与数字数学以及科技领域。2016 年，欧盟（EU）也发布了推进教育培训改革以及终身学习的参照框架中的八项核心素养的最终版本，其中包括基本的科技素养与数学素养、创业精神与主动意识、学会学习、使用母语交流、使用外语交流、文化意识与表达、数字素养和社会与公民素养。

美国所拟定的“21 世纪核心技能”属于整体系统型的能力要求，其核心素养能力辐射影响教育的各个环节，也融入整个教育体系中。21 世纪核心技能体系主要由三个部分组成，形成了一个类似于彩虹的拱形形状。它阐释的是培养核心素养的具体内容，其中也包括“21 世纪议题与核心科目”。它的核心科目主要包括外语、阅读、艺术、经济、数学、英语、科学、地理、政府、公民以及历史等。同时，在保留传统的核心课程的基础上，还增加了五个与 21 世纪相切合的议题，其主要目的就在于帮助学生进一步学会如何应对现实生活中的问题，但是学科教学活动并不是以独立学科而存在的，而是融入核心科目教学中。21 世纪核心议题是跨学科组成的，其主要内容包括：①公民素养；②理财素养；③全球意识；④健康素养；⑤环保素养。

与美国的 21 世纪核心技能构架略微不同的是日本的“21 世纪型能力”核心素养结构体系，呈现同心圆形：其内核是基础能力，然后中层为思维能力，而最外层则是实践能力。“21 世纪型能力”的同心圆结构体系用三个圆来表示三种核心能力之间的关系。其关系具体可以概括为：内核中的基础能力支撑着处于中层的思维能力，然而外层的实践能力则引导着中层的思维能力。同时，这三个圆是交叉重叠的，这意味着这三种21世纪型能力即思维能力、基础能力和实践能力并不是孤立存在的，它们都是相互依存、相互关联的。所以无论何种课程，都应该体现这三个方面的能力。

通过以上对国际组织所做出的对核心素养相关的研究，不难发现，在国际组织中有大量针对核心素养的相关领域的研究，不同的研究者构建了不同的核心素养指标体系，但都有共性，即强调人为适应社会发展所必需的能力素养以及人自身发展及其与他人互动所要求的关键能力素养，关键点都落在人的全面发展需求上。另外，国外核心素养相关领域的研究也会强调通过核心课程来培养发展学生的核心素养，只是不同区域所设置的核心课程有所不同，相应的素养能力也就略微有所不同。

（二）国内核心素养研究

核心素养在世界范围内受到教育界的高度重视，在中国也不例外。国内有很多学者对核心素养进行了不同程度、不同方向的研究，对这些研究进行梳理，不难发现，不同核心素养认识的实质内涵有很多相通的方面。人们普遍认为，核心素养包括问题解决的能力、交流合作的能力以及创新思维能力等。随着教育的发展和课程改革的推进，核心素养的概念现在已经根植于人们心中，人们对于核心素养的研究与认识也不断深入。2014年，教育部正式印发了《关于全面深化课程改革落实立德树人根本任务的意见》（以下简称《意见》），其指导思想即全面贯彻党的教育方针政策，遵循学生成长规律和教育教学实践规律。大力弘扬中华民族数千年来的优秀传统文化并且把培育和践行社会主义核心价值观的使命融入国家教育的整个过程中，倡导富强、民主、文明、和谐，同时也倡导自由、平等、公正、法治，还要倡导爱国、敬业、诚信、友善。既要立足中国实际国情，同时也要具有世界眼光，要面向全体学生，促进人人发展、人人成才。《意见》发布之后，关于学生核心素养培养的讨论迅速成为整个教育界关注的焦点热点问题。但是，对于中国各阶段学生核心素养的研究仍然处于起步的阶段，有关核心素养的定义以及内涵、核心素养的测评方法、核心素养的培养途径与方式等问题，学术界仍然处于探索阶段，尚未形成相对较为成熟的认识。在我国，对核心素养的研究可以梳理为以下三个方面。

第一，对核心素养概念的内涵及外延的研究。教育部基础教育综合实践活动指导委员会委员柳夕浪对核心素养的研究开始较早，他借鉴了国际社会关于学生发展核心素养的研究成果，对素质的形成过程及其结构体系进行了较为全面的分析，梳理清楚了素质教育与核心素养体系之间的关系。此后，杭州师范大学教育科学研究院的张华根据OECD对核心素养的界定，从词源学的角度对核心素养的内涵做了深度剖析。他深度分析了核心素养诞生的时代背景，然后比较研究了OECD核心素养框架、欧盟核心素养框架、美国的核心素养框架结构等，对它们进行了梳理及进一步提炼，认为核心素养可分为四大素养，即协作、交往、创造性思维、批判性思维，并对核心素养进行了再认识，将核心素养的内涵界定为：素养是指人在特定情境中综合运用技能、知识和态度去解决实际问题的人性能力与高级能力；核心素养也被称为“21世纪素养”，是人们为了适应知识社会时代和新信息时代的需要，适应未来不可预测情境以及解决实际生活中的问题的人性能力和高级能力；核心素养也是对工业时代和农业时代所谓“基本技能”的进一步发展或者超越，其核心内容就是复杂的交往能力和创造性思维能力；核心素养具有综合性、时代性、复杂性以及跨领域性的特点。

第二，对我国核心素养模型建构的研究。我国很多学者对国际上有关核心素养的已有研究成果进行了系统梳理。北京师范大学的辛涛等人对国际研究成果进行梳理，展开了对核心素养建构的研究，分析了国际形势以及我国实际国情，提出了我国基础教育核心素养的模型构建建议。他认为核心素养模型逐渐渗透进各国教育改革的诸多领域，主要体现在课程改革和教育质量的评估上。

第三，研究核心素养与其框架中的课程的关系。学生的核心素养体系是所有学校必修的课程的灵魂，它统领整个学校课程建设和规划中的各个要素。以核心课程设置与学生学科核心素养的关联一致性作为其划分标准，就可以将当前的学校核心课程框架分成六种水平。在建构基于核心素养理念的课程框架的过程中应至少包含较为具体化的内容标准、教学质量标准、教学目标和教学建议这四个部分。其中，具体化了的教学目标以及教学质量标准要充分体现学生的学科核心素养；内容标准和教学建议则要能够促进学生形成关键的核心素养。

二、核心素养的内涵阐释

自20世纪80年代开始，关于核心素养的内涵问题便一直困扰着诸多教育研究者。纵观核心素养的发展历程，不难发现，不同国家教育发展的立足点不同，其核心素养的内涵就不尽相同。既然不能制定明确统一的定义，那我们便从宏观的角度进行思考。朱鹏飞、徐惠在《核心素养的研究进展及对化学核心素养构建的启示》中根据核心素养的价值取向，将其分为五大类：以经合组织为代表的成功生活取向型、以欧盟和联合国教科文组织为代表的终身学习取向型、以新加坡为代表的个人发展取向型、以美国为代表的综合性取向型以及社会主义核心价值观取向型的中国学生发展核心素养。不同的价值取向体现了不同国家教育的侧重点，反映了不同国家核心素养的目标追求。张贤志在《核心素养研究综述》中对核心素养这个词进行了深入的解读，其将“核心”理解为基础，认为核心素养之核心应当是基础，只有“核心”的基础性才能决定素养的内涵和重点。因此，我们可以说核心素养就是基础素养，但这不是简单的基础素养，而是随着社会的发展不断发展变化的，即核心素养是一个动态、发展的概念，不是一成不变的，会随着时代的变迁而不断发展变化。张华对核心素养的理解比较全面，他在《论核心素养的内涵》一文中指出，要理解核心素养的内涵先要了解其起源与发展的背景。核心素养是在人类进入 21 世纪，进入信息时代后出现的新的代言词，即人类为了适应信息技术高速发展的社会而提出的一种能力素养。因此，核心素养又被称为“21 世纪素养”。所以，如果说“20 世纪素养”对应的是工业化时代，那么“21 世纪素养”对应的便是信息化时代。在科技尤为发达的今天，计算机正在逐渐取代人类日常操作性的工作，而只有那些强调专家思维或复杂交往的工作，计算机无法代替。因此，张华认为“专家思维”和“复杂交往”是对 21 世纪素养最精简的概括。“专家思维”是指在特定的情境中，标准化的方法无法解决问题时，能够创造新的方法并解决问题的能力；“复杂交往”则是指在不可预测的社会情境中，通过提供各种解释和示例以帮助他人掌握复杂概念、促进复杂对话延续和发展的能力。

核心素养是个体在面对复杂的且不确定的现实生活情境时，在分析情境、发现问题、提出假设、验证假设、解决问题并交流结果的过程中所表现出来的一种综合性品质与能力。它关注的是个体解决真实的专业领域和现实生活问题时所需的关键能力或必备品格。具体地讲，核心素养强调的是个体的学习意识和能力，尤其是在面对结构不良问题时创造性地运用知识和批判性思维的能力，以及在解决问题过程中的沟通和合作能力。也就是说，核心素养不是简单的学科知识与技能的累积，而是学科或跨学科知识和技能、过程和方法、情感态度和价值观的有效整合。

综上所述，核心素养是时代发展的产物，是人类适应时代发展必备的能力，具有时代性、综合性、跨领域性与复杂性。

三、核心素养的基本框架

中国学生发展核心素养，主要是指学生应具备的能够适应终身发展和社会发展需要的必备品格和关键能力。核心素养是学生情感认知、实践思考等全方位的总体表现，是适应经济全球化快速发展趋势和享受健康生活都不可缺失的个人能力，是伴随终身的持续性发展过程。中国学生发展核心素养分为三个方面、六大综合素养、十八个基本要点，如图 1–1 所示。

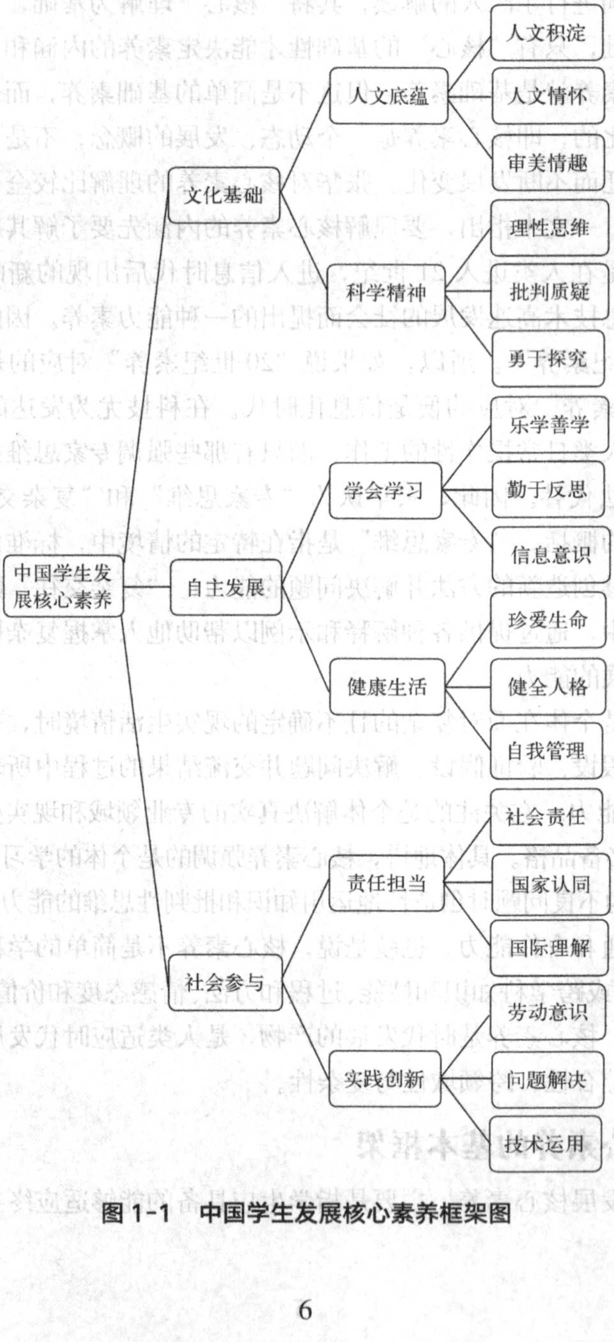

图 1–1　中国学生发展核心素养框架图

中国学生发展核心素养的十八个要点之间互相补充促进、发挥作用，对不同阶段、关键学科的内容进度及应达到的程度提出了进一步的要求，指导教育工作者全方位准确地把握维度，同时努力培养学生适应经济全球化时代所需的能力，持续发展个人适应社会生活的积极态度、思考力和基础技能，从而做到在真正意义上促进学生健康快乐地成长。

第二节 初中英语教学要素

一、初中英语教学目标

教学目标是教学活动的中心，在课堂教学中，教师的主导方向和学生的主体活动都是围绕教学目标来进行的。目标是教学的出发点和归宿，也是学生学习的最终目的。因此，在教学中一定要先确定教学目标。教学目标正确与否，决定着教学过程是否有意义。而教学目标是否正确，不仅与教师对教材的理解有关，也与学生的个性、能力、需要有关。在目标教学实践中，不应为全体学生设置同一个目标，而应根据学生的学习能力、发展水平、智力特点、学习成就以及个性、需要的不同，为不同的学生制定不同的目标。

教师的工作对象是学生，而学生在学习能力、智力、个性等方面是参差不齐的。目标教学理论认为，只要给学生足够的学习时间，几乎所有的学生都能达到规定的目标。但是，在教学实践中，教学起点、教学内容是统一的，毕竟教学时间是统一的。这样一来，对某些学生来说，他们就没有足够的时间来达到目标。因此，让程度、能力、学习速度参差不齐的学生在同一时间达到同一目标是不现实的。

初中英语教学目标的制定应具有科学性。一般来说，教学目标包括以下三个方面。

①使学生掌握系统的科学文化知识和基本技能。

②培养学生良好的世界观及道德、审美、劳动等观念及相应的行为方式。

③使学生的身心得到健康发展。

因此，在教学中，应根据这三个方面制定具体而明确的教学目标。

初中英语教学目标的制定还需要做到合理化，解决教学目标设定错位的问题。而要做到这一点，就要认真研读课标，把握课程标准，并根据实际教学内容的特征科学合理地制定教学目标。教师要确定每一个目标点的掌握水平要求：是一般了解，还是理解、运用；是能仿照例题进行再现式的运用，还是能在改变条件的情况下做变式运用。通过这几方面的充分准备，逐条落实明确而细致的目标，就能够避免教学环节游离于教学目标、课堂效率低下的问题。

二、初中英语教师

（一）初中英语教师的专业发展

初中英语教师指的是在初中学段担任英语教学工作的专业人员。初中英语教师的专业发展是指教师基于自身的英语学科知识和教学技能，利用多种方式提升专业素养，最终实现专业成长的过程。初中英语教师的专业发展主要包括以下三个方面的内容。

1．专业理念与师德

专业理念蕴含着教师对教育事业的情感和态度，决定着教师进行教育活动的方向和动力。初中英语教师的专业理念主要包括对初中英语教师这一职业的理解与认识、对待英语教育教学的态度和行为等方面。

在教育实践中，学生学习的热情与动机很大程度上取决于教师的情感态度和行为。初中英语教师只有认识到英语教育对学生未来可持续发展的重要意义，才能更加明确自己肩负的责任感和使命感，以敬业奉献的精神为指导，立足教书育人的本职岗位。教师只有保持对英语教育事业的热情，才能真正用心经营，不断提升自己的能力。

2．专业知识

教师专业知识涵盖的范围非常广阔，作为初中英语教师，首先要掌握扎实的英语学科知识和学科教学知识。其中，英语学科知识是教师的立身之本，是向学生“授业”的核心内容。从事初中英语教师这一职业，要求教师要系统性地掌握英语学科知识，在教育教学中运用专业知识解决专业问题。具体来说，英语学科知识涵盖英语语音学、词汇学、英美文学、英美国家概况等领域的知识。英语学科的教学知识可以辅助教师将学科知识由理论转化为具体的实践，包括理解和运用英语课程标准、二语习得理论、英语教学法、英语课程论等有关方面的知识。

广博的通识性知识是教师专业知识的重要组成部分。随着基础教育课程改革的推进，教科书不断修订完善，英语课本和日常的教学活动涉及历史、政治、艺术等各个领域，扩大了知识的广度。另外，基础教育需要为公民科学文化素质的提升奠定基础。教师要满足这一要求，必须丰富知识储备，拓展知识面。

此外，教育教学知识也是初中英语教师的必备知识。教师只有了解教育学和心理学等基本的原理和方法，掌握初中生的心理和特点，才能根据教育教学的规律践行科学的教育理念。

3. 专业能力

教师的专业能力主要体现在教学能力、人际交往能力、自我发展能力和处理英语教学工作中问题的能力等。具体到初中学段英语学科的专业人员，尤以英语教学能力和自我发展能力最为重要。

初中英语教师的教学能力是专业能力的核心要义，是从事自身职业和实现专业发展的基础，体现在英语课堂教学的设计、实施和评价上。教师要以课程标准为指导，精准聚焦每个单元甚至每个课时的教育教学目标，围绕目标推动教学活动的展开。新课标要求教师打破自己是知识传递者的传统观念，向引导者的身份转变。随着我国英语新课程改革的不断推进，加之学习者和教学资源均充满不确定性，在教学实施过程中，师生难免碰到各种各样棘手的问题，教师要与学生一起分析和解决问题，把课堂教学组织得有条不紊。在教学评价上，初中英语教师要保证课前、课中、课后的连贯性，实现言语评价和非言语评价的一致性，重视形成性评价，兼顾终结性评价。在个人观察的基础上，从其他学生、家长和教师等多方了解信息，做到全面、客观地评估学生的表现情况，并以此作为调整和改进教学工作的参考。

在自我专业发展能力上，初中英语教师应当主动掌握英语教育科研方法，并通过听课、评课、研讨、课题研究等实践活动，培养进行英语教学研究的能力。教而不研则浅，教师不能只停留在教授知识的层面，而要探索和研究实践中遇到的具体问题，在科学严谨的治学理念下，实现专业素质的进步。

在实际工作中，初中英语教师要与形形色色的人打交道，良好的人际交往能力可以促进教师专业能力的提高。教师要与学生平等交流，稳固和谐的师生关系；与同事和同行建构学习共同体，交流教学心得与经验，促进自身和同伴的共同发展；与家长交流，形成家校合力，掌握学生在校园之外的真实表现情况。

初中英语教师还要具备承担教学以外的基本工作的能力，包括班级管理和建设的能力、课后辅助开展育人活动的能力、培养学生英语学习兴趣、解决学生英语学习困难的能力等。

当前，国家实施“双减”政策，初中英语教师要与时俱进，加强和提高课后服务能力。具体来说，教师可以通过开展英语阅读实践活动、观看英语影视剧活动、开设英语学习兴趣小组等活动，着力提升课后服务水平，为国家“双减”政策助力。

（二）初中英语教师的学习动力

1．教师学习动力的构成要素

综观已有文献，学者大都从内部要素／外部要素、智力要素／非智力要素、直接要素／间接要素、层次要素、系统结构要素五个角度划分教师学习动力的构成要素，内容丰富且涵盖广泛。国内外关于教师学习动力构成要素的研究，主要有以下三个研究方向：教师学习动力分类研究、教师学习动力构成要素研究以及教师学习动力结构研究。

首先，国内有学者将教师学习动力分为潜在学习动力、激发学习动力、维持学习动力、反馈学习动力四个方面，且每个学习动力又有内外部之分。教师内部潜在学习动力主要包括教育理想、教育爱、教师学习观念，教师外部潜在学习动力主要包括社会文化氛围和社会制度；教师内部激发学习动力包括教师兴趣、成就动机以及自我实现需要，教师外部激发学习动力包括教育困难和教学改革；教师内部维持学习动力主要指的是意志、情感等各种非智力因素，教师外部维持学习动力主要指的是校园文化、学习资源以及制度保障；教师内部反馈学习动力主要源于个人成功体验与反思，教师外部反馈学习动力主要源于外部评价。其次，也有学者从学习动力的构成要素角度将教师学习动力分为内在动力与外在压力，二者相辅相成、相互转化。最后，还有学者从动力层次结构视角将教师学习动力层次结构划分为核心层、组织层和庇护层。核心层侧重精神和理念层面，如教育情意、教育热情、教育信念等；组织层是指教师的个性特征、学习动机、学习内容等；庇护层是指物质保障、组织制度机制等。

国外关于教师学习动力的构成要素的研究较少。美国认知教育心理学家戴维·保罗·奥苏贝尔（David Pawl Ausubel）提出学习动力可分为认知内驱力、自我提高内驱力与附属内驱力。美国心理学家和教育家布鲁纳（Bruner）则认为学习动力主要由内外两种基本要素构成。他强调内在的学习动力是学习行为本身对学习活动的理解所诱发的驱动力，学习者更倾向于在意学习过程；外在的学习动力是指人们由外部的所有因素诱发的驱动力，在这样的情境下，学习者仅仅关注学习结果。

2. 教师学习动力的影响因素

与教师学习动力的构成要素类似，国内外关于教师学习动力的影响因素研究主要涵盖以下三个研究方向：教师学习动力内外部影响因素研究、教师学习动力个体背景变量研究、教师学习动力促进因素与受限表征研究。

首先，国内有学者将教师学习动力影响因素分为内部因素和外部因素。教师学习动力内在影响因素主要是指教师的人格因素、职业规划、工作目标以及自我效能感等与教师自身相关的因素；外在因素指制度因素、社会期望、所处区域以及家庭环境等与外部环境挂钩的因素。分析发现，教师学习兴趣、学习动机以及学习需要对教师学习动力具有重要影响，但大部分教师学习主要是在外在因素的影响下进行的，外部激励因素的影响作用大于教师内在学习动力。

其次，有学者从教师的个体背景变量角度出发，认为教师学习动力与教师性别、年龄、教龄、职称以及学历等因素有关。教师学习动力与年龄增长呈现负相关关系；具有 5 ~ 10 年教龄的教师，学习动力达到安全值，各项指标平稳发展；高级职称教师学习动力水平低于非高级职称教师；不同学段以及不同学历水平的教师其学习动力存在显著性差异。此外，教师学习动力还表现为明显的“地域差异”“性别差异”和“学校背景差异”。

再次，也有学者以提高教师学习热情为目的，认为胜任的需求、归属感的需要、自尊的满足、成就动机的驱使、参与和享受的需求、良好的学习氛围等是推动教师加深学习的促进因素。但是，也有学者以阻碍教师产生学习行为为视角，认为思维方式固化、外塑的教师发展方式、教师学习意识淡薄以及学习能力不足等会损害教师的学习动力。

最后，还有学者认为教师的文化资本是推动教师学习的重要力量，涵盖了教师的专业知识和能力、科研成果以及学历、职称等因素。

三、初中英语学习者

一般来说，我们对于英语学习成功者的归因大致分为智力因素和非智力因素两大类。其中，智力因素不受外界条件变化的影响，不是可以随意改变的因素。相比智力因素的不可控性，非智力因素往往是可以通过外界手段的影响而改变的。对大多数英语学习的成功者而言，非智力因素往往是他们成功的关键。

有研究成果表明，成功的语言学习者比不太成功的语言学习者使用的策略多，而且使用策略的频率更高。而一些不太成功的学习者往往使用的是一些消极的策略，如死记硬背等。因此，教师在传授知识的同时如果加强对学生学习策略的培养，将有助于减轻学生学习的困难，提高其学习效率。初中阶段的英语教学虽然一直备受教师的重视，但教学效果一直不太理想，其中很大一部分原因是学生没有掌握正确的学习策略，以及教师忽视了对学生学习策略及方法的指导。调查显示，能够运用学习策略学习的学生的成绩显然高于其他学生。但只有少数学生能无意识或有意识地运用学习策略。在这种情况下，教师缺少对学生进行系统的学习策略的指导，使得学生在整个学习过程中始终处于被动接受的地位，这就直接导致学生养成了依赖教师的思想，缺乏学习的主动性。

学习习惯也是影响英语学习者学习成果的因素之一。所谓“习惯”，就是一个人行为方式的自动化，是不需要思考和意志努力的行为方式。就学习而言，良好的英语学习习惯是英语学习的基础。英语是一门实践性很强的交际工具学科，要掌握英语，除了需要学习一定的语音、词汇、语法知识外，还得练就扎实的听、说、读、写基本功。换言之，英语学习必须有大量的听、说、读、写技能的训练。从这个意义上来说，学习英语的过程在很大程度上就是英语习惯的培养过程。相关研究表明，要学好英语，就必须掌握英语学习的基本方法，养成良好的英语学习习惯。良好的学习习惯能推动学习的进步，提高学习效率，取得预想之外的学习效果。同时，良好的学习习惯一旦养成，会对学生的学习起极大的促进作用，使之终身受益。

第三节　英语学科核心素养的内涵

一、国内外英语学科核心素养研究

（一）国内英语学科核心素养研究

随着全面深化课程改革的推进和各个学科课程标准的不断完善，在基础英语教育中，新课标首次对英语学科核心素养进行了详细阐释和分类，明确指出英语学科素养是指学生通过英语学习而逐步形成的正确价值观念、必备品格和关键能力，主要包括学习能力、语言能力、文化意识和思维品质四个方面。也正是由于英语学科核心素养的厘定，为从事英语教学和研究的工作人员提供了教学指导和研究方向；也正是从此时开始，我国研究者的研究视野从整体的核心素养研究领域逐渐聚焦到各个学科的核心素养研究中。其中，有关英语核心素养的研究也呈现蓬勃发展之势。

我国研究者关于英语学科核心素养的研究主要集中在以下三个方面。一是英语学科核心素养的内涵研究，如程晓堂、赵思奇在《英语学科核心素养的实质内涵》中认为，发展学生的英语核心素养在于重视英语作为语言的语言价值和英语作为学科的育人价值，而英语的学科育人价值体现了英语学科核心素养的重要内涵。但是长期以来，英语一直被当作一门工具性的学科，在课程设置上很少涉及学生认知能力、情感态度和价值观的培养。正如郑秋萍在《全人教育视角下英语学科核心素养的培养》中论述的那样，“英语学科核心素养关注的是学习者情感、态度、知识、技能的综合发展，是工具性与人文性的统一”。由此不难看出，促进学生英语知识、技能的发展和正确的情感、态度的培养是日后英语教育的主要目标。此外，郭宝仙、章兼中在《如何在课堂教学中培养英语学科核心素养》中认为从学科本质和国家战略角度来说，英语学科核心素养是对“中国学生为什么学英语？”这一问题的回应，是英语学科“立德树人”价值的提炼，具有整体性、渗透性、阶段性和终身性等基本特性。显而易见，有关英语学科核心素养内涵的研究阐明了发展英语学科核心素养的重要性，并为日后的英语研究和教育指明了方向。二是英语学科核心素养培养路径和策略的研究。随着英语核心素养研究的不断深入，人们逐渐意识到培养英语学科核心素养的重要性，为此，教育研究者展开了学生英语学科核心素养的路径和策略研究，如冀小婷的《英语学科核心素养培养的实现途径》、陆海空的《课程改革背景下中学生英语学科核心素养培养策略探究——以常州市中学英语教学实践为例》等从英语核心素养的概念、分类和现状出发，在国家政策、教学理念、教学模式、教学活动设计、教学评价方式等宏观方面提出了英语学科核心素养的实现途径。而郭宝仙和章兼中的《如何在课堂教学中培养英语学科核心素养》在分析英语学科核心素养的特性和影响英语学科核心素养的关键因素的基础上，针对英语教学中具体的教育参与者——教师这一微观方面提出了促进英语学科核心素养发展的途径，并且这些途径和策略研究也为日后我国英语学科核心素养的发展提供了借鉴。三是以英语学科核心素养为理论基础的其他研究，主要体现在英语听、说、读、写能力培养的应用和实践研究中。

总体而言，英语学科核心素养的发展既为我国英语学科发展提供了努力方向，又为我国英语课堂改革和实践提供了理论指导。当前，虽然以英语学科核心素养为理念的研究数量颇多，但是通过分析发现，“看”的技能作为信息时代下学生主要的英语语言技能之一，在学生英语学科核心素养的培养中占有重要地位，而在该领域的研究中仍然缺少基于英语学科核心素养对学生“看”的技能发展的进一步解读。

（二）国外英语学科核心素养研究

国外对学科核心素养的研究比较久远，而英语作为许多国家的母语或者常用语言，其在课程设置中占有重要的地位。许多国家也先后表示要培养学生的英语学科素养或通过英语学习来促进学生学科核心素养的发展。

欧盟从八个主体部分来构建核心素养的整体框架，其中一项素养是“使用外语交流”，具体表现为知识、技能、态度三个方面的要求。知识方面要求学习者掌握词汇、语法、语言形式等外语知识，社会习俗及文化方面的知识；技能方面要求学习者能够进行口语会话、阅读、理解文本等。此外，学习者还应具有欣赏文化多样性、对外语和跨文化交流的积极态度。《墨尔本宣言》的制定标志着核心素养正式成为澳大利亚国家课程标准制定的基石，主要包含读写、数学、信息沟通、批评和创造思维、个人和社会、道德伦理以及跨文化理解七大素养。澳大利亚在核心素养培养方面采用的是以一对总的形式，每一门课程都应该承担培养七大核心素养的责任。芬兰在培养核心素养方面采取的形式和澳大利亚相似但不相同，即设置核心素养模型，并将模型分解到各个学科、各个学段。此外，美国发布的《21 世纪的学习与技能》中强调通过将社会研究、地理、英语、数学和科学五大核心科目与 21 世纪主题相融合提出当代学习者技能发展的要求，以便在核心课程学习中提高学习者的能力。由此可以看出，美国核心素养是独立于课程之外但又融合在课程之中的，与上述国家不大相同。

各个国家学科核心素养的培养形式是不相同的，一种就像美国和澳大利亚一样独立于课程之外又与课程相融合，另一种就是在课程体系中设置核心素养，如芬兰和中国。虽然核心素养的培养形式不同，但是各个国家对其核心素养的发展进行了详细且清晰的定位，并积极将核心素养应用到教学中，以培养适合国家发展的人才。

二、英语学科核心素养的内容构成

通过阅览大量有关英语学科核心素养内涵的文献发现，众多学者及教育家对此概念界定的阐述众说纷纭，但其所体现的“育人为本”的教育思想却得到了社会各界的广泛认可。英语学科核心素养是一个较宏观的概念，其主要囊括四个要素，即语言能力、文化意识、思维品质和学习能力。

学科核心素养的培养应当坚持以四要素为整体，各要素之间协调发展，既要相互联系，又要相互区别。英语学科核心素养的特征之一是具有阶段性，因不同年龄阶段的学生身心发展规律有所差异，故不同学段的学科核心素养的侧重点也有所不同。英语学科核心素养作为党的教育方针在基础教育教学中具体化和细化的缩影，它为全面贯彻落实党的方针政策、实现“立德树人”的根本任务、发展素质教育指明了道路和方向。

（一）语言能力

语言能力是指使用听、说、读、写等方法，在社会情境下进行理解和表达，发展特定的语感和语言理解能力以及使用语言的能力。语言能力的含义十分广泛，既包括以往常说的语言技能、语言知识的理解和运用，还包括语言意识、交际身份意识等。义务教育阶段的英语课程主要培养学生的语言技能、语言知识、情感态度、学习策略和文化意识，即培养学生的综合语言运用能力。语言技能包括听、说、读、写等技能，语言知识则包括词汇、语音、语法以及功能和话题的语言表达形式等。

语言能力主要包括以下四个方面。①语言知识。它是发展语言能力不可分割的部分，包括掌握语音、语法、词汇以及相关功能和话题的语言表达形式。②语言技能。英语学科具有工具性，英语作为一门语言工具，是人们进行交流和表达的工具，因此语言能力着重强调语言的交际能力。听、说、读、写相辅相成、相互促进，既是学习的内容，又是学习的手段。其中，听和读有利于学生对外界的信息进行理解，并将其转化到自己的知识结构中；说、写是将自己头脑中的观点和想法通过口头或书面的形式表达出来。总而言之，语言技能是指学生的听、说、读、写能力。③理解能力。语篇在特定的情境下具有具体的内涵，语言能力要求学生能够注意到语篇表面的信息，并能够根据表面的信息进行进一步的分析、思考，初步理解和发掘深层次信息。④建构能力。语言能力不仅要求学生能够熟练掌握所学知识，而且还要求学生能够在现实的情境中建构自己的观点，在此基础上能够将自己头脑中的想法和观点表达出来。可见，学生要能够熟练掌握初中阶段的话题，充分利用相关语言知识，建构自己的观点，并能在具体的情境下对自己的观点进行表达。

（二）文化意识

文化意识是对中外文化的理解和优秀文化的认同，是学生在经济全球化背景下表现出的跨文化认知、态度和行为取向。文化意识主要包括以下内容：①文化知识，指课标要求学生了解的英语国家主要的文娱和体育活动、典型的食品和饮料、重要的节假日以及英语国家的首都和国旗及重要的标志物等。②文化内涵。这是对文化理解的进一步深化，在掌握文化知识的基础上，热爱祖国文化，增强文化认同和文化自信。在日常的学习和生活中，能够通过现象对比，初步了解到文化差异，并对此具有包容意识。③跨文化交际能力。学生在掌握一定的文化知识和理解文化内涵的基础上，自觉遵守文化习惯，同时乐于向他人介绍祖国或英语国家的文化习俗、节日，乐于传播文化等。

（三）思维品质

思维品质是指思维的逻辑性、批判性和创新性，以及在解决问题时应具备的能力和水平。义务教育英语课程标准在某段时期内只强调学生的综合语言运用能力，注重学生知识技能的综合运用，却忽视了培养学生的思维品质。实际上，学习和使用外语能够促进思维的更新与发展，丰富思维方式，有利于锻炼思维，提升学生的思维品质。

综上可知，语言与思维发展密不可分，通过学习英语可以促进学生思维品质的发展。思维品质主要包含以下三个方面。①逻辑性：能够初步注意到语言和文化的各种现象。在阅读文章或者学习英语的过程中，能够对学习的内容进行查找、分析，发现异同点。学生自己或在他人的帮助下归纳共同特点，按照一定的体系或分类将知识点或语言规则组织起来。②批判性：在阅读故事或者其他英语材料时根据情节或材料之间的关系，进行合理的推理或者推断，能够比较准确地预测故事的发展趋势。③创新性：在学习过程中能够积极尝试进行不同角度的思考，并对问题进行解决，提出新思想，在交流中主动表达自己的观点，在学习过程中根据所学进行合理的联想、想象。

（四）学习能力

学习能力是学生在学习英语的过程中积极管理学习策略，拓宽学习途径，并提高其有效学习英语的意识和能力。作为核心素养的学习能力强调学生是否可以独立学习，形成对英语和英语学习认可的态度，真正学会学习，包括有积极主动的态度和学习动机，善于运用策略，勤于反思，具备自主学习的能力。学习能力包括三方面。①学习态度：学生在英语学习的过程中，有积极的学习动机，态度端正，能初步认识到学习的目的是什么，直面学习困难，勇于寻求解决办法，对英语学习具有明确的学习目标和持续的兴趣。②自主学习：学生英语学习过程中，能够主动拓展英语学习的渠道，利用多媒体、绘本等获取学习资源，对英语学习进行自我管理和监控，能够正确选择学习策略和方法。③反思学习：学生能够对自己的学习过程进行思考，总结自己在英语学习过程中存在的优点和不足，及时调整自己的学习方法。

第四节　初中英语核心素养教学的重要性

一、与现代教育要求相符合

在传统的教育模式之下，部分学生会产生厌学心理，对这部分学生来说，学习不再是吸收知识的殿堂，而成为增加学生压力的手段。面对学生压力的不断增加，“双减”政策、素质教育、核心素养等教育概念随之出台，这给教师带来了一定的压力。在新政策的出台以及教学目标的要求下，教师必须保证学生能吸收知识，让学生各方面的能力有所提升，同时还要减轻学生的压力，这对教师来说是一个新的挑战。而在英语课堂上渗透核心素养，也就意味着教师的教学方式必须有所改变，只有改变教学模式以后再构建高效课堂，才能够既减轻学生的学习压力，又保证教学目标的完成。这种教学模式能够和现代教育要求相符合，促进教育改革不断深入。

二、提升英语课堂学习效率

在核心素养的渗透下，学生的学习效率会得到提升，也有利于构建高效课堂。在核心素养的要求下，教师势必会以更丰富的教学形式和更有趣的教学内容来吸引学生，学生有了学习兴趣以后，会对英语学习更有热情。另外，为了保证教学目标的实现，教师应对教材内容有更深刻的认识，探索更合适的方式展开教学，向学生传授学习英语的小技巧，让学生能够从课堂中快速吸收知识，促进学习效率的提升。

三、促进学生综合素养提升

核心素养对学生的要求不只是提升学习能力，还要求学生能够提升实践能力、强化自己的思维、增强分析观察能力等，即学生的综合素养得到提升。在英语课堂中渗透核心素养，也就意味着课堂内容不仅仅涉及课本知识，还包括课外知识，这些课外知识能够丰富学生的知识储备，让学生有意识地把英语和生活相结合，在考试或者学习中，学生会把自己的知识储备和问题相结合，使答案更加全面。同时英语课堂的教学形式会有所变化，不再是以往的单一教学，而是用各种方式展开教学，如情境教学法、智慧课堂、游戏教学、联系生活等，以多种形式来展开教学，能够促进学生充分发挥想象和联想能力，增强学生的创新意识。在教学内容和教学形式的不断丰富下，学生的思维能力得到强化，实践能力能够充分发挥，知识储备量大大增加，创新意识得到发展，这些能力的提升能够促进学生综合素养的提升，与核心素养的目标相符合。

第二章　初中英语教学现状

本章分为初中英语词汇教学现状、初中英语语法教学现状、初中英语听力教学现状、初中英语阅读教学现状、初中英语口语教学现状、初中英语写作教学现状六部分。

第一节　初中英语词汇教学现状

一、教师方面

（一）词汇教学方法单一

根据初中英语词汇教学现状来看，部分教师所应用的教学方法比较传统，常见的有“填鸭式”教学方法、讲授式教学方法以及传递式教学方法。利用传统教学方法能够取得一定的教学效果，不过，还不能够完全顺应时代发展的要求。

在“互联网＋”背景下，传统的教学方法无法满足学生的学习需求，对教学结构以及课堂纪律都无法进行有效的优化和掌控。不少学生在学习英语词汇时采用自学的方法，在课堂中仅学习自己感兴趣的内容，教师的指导教学作用未能够得到充分的发挥。如果学生的自学能力比较差，这很容易影响学生的英语词汇学习效果，既无法掌握词汇用法以及发音，也无法对其进行灵活应用。

（二）词汇教学目标不清晰

词汇教学一直是各个学段学生英语学习的重点，也是英语教学的重点，因而在各个阶段相衔接的过程中，词汇教学的目标有时不清晰。部分学校的教师会错误估计学生的英语水平，在进行实际英语词汇教学时没有针对性，导致学生的英语水平没有得到相应的提升，英语词汇教学的效率不高。并且目前部分学校的词汇教学通常拘泥于一个个单词，没让学生通过单词的各种组合形式掌握词汇，多数是死记硬背，无法让学生了解英语词汇的构成规则。例如，在学习“health”

这一单词时，只让学生了解它的意思和词汇变形“healthy”，但是却不让学生了解在什么语境下要进行变形、变形之后的词性是什么，导致学生虽然了解与之相关的英语词汇，却不知道如何运用。

（三）词汇教学结构相偏离

音、形、义作为词汇的三个重要组成部分，在初中英语教学中起到了良好的支架作用，但部分教师在实际教学过程中片面地将这三部分拆开教学，以单独讲授的方式要求学生掌握单词的音、形、义。实际上，这种拆开的教学方式很难从总体上加强学生对词汇的认知，很可能使学生只关注词汇的三个特点，无法构建系统的词汇认知体系，也无法保证初中英语词汇教学的质量和效果。在这种教学模式的影响下，学生不得不被动地接受课堂所学知识，只能对词汇的音、形、义进行单独了解，忽视了词汇的整体性应用效果，也无法帮助学生强化与巩固自身对所学单词的印象，对于词汇在音、形、义三个方面之间的关联也未形成系统性的认知。

（四）教师词汇教学研究不足

在大力提倡素质教育的课改背景下，英语词汇教学的研究取得了十分丰硕的成果。但是，初中英语词汇教学研究在实践中运用得并不多，这是因为部分教师的教学研究不足，并且在词汇教学的过程中没有能够形成反思，无法在实践中展开学生学习英语词汇问题的相关课题研究。这也导致部分英语教师在进行教学时无法运用先进的教学理念和教学模式，在实际教学中表现出滞后性，与学生脱节；在具体的英语学习课堂上缺乏对学生心理的洞察，导致学生整体学习能力低下，无法对英语词汇进行深入的认识和理解。

二、学生方面

（一）部分学生注意力较弱

注意力是人类的一种重要的心理活动，注意力的集中程度是衡量一个人能否有效进行学习活动以及是否能够完成某项任务的重要标准。学生在听教师讲授词汇时或者是自主背单词时，通常会出现注意力不集中的问题。虽然在心理上会选择自己要背诵的英语词汇，但是由于学生在学习过程中缺乏对英语词汇及相关文化背景知识的理解能力，且学生的英语水平参差不齐，导致他们在背单词的过程中，通常会因为记忆力无法集中导致单词的理解和记忆都比较困难。

（二）部分学生的学习态度不端正

部分学生尚不具备主动学习英语的意识，在课堂学习过程中也极易受外界事物的干扰，难以秉持端正的学习态度积极投入英语学习活动。与此同时，部分学生还对英语语言的学习存在错误认知，片面地认为学习英语的目的在于获得毕业证，并未充分意识到掌握英语这门语言对其日后个人发展的重要现实意义。

（三）部分学生学习英语相对被动

学生进入初中以后，掌握了一定的英语知识点，但是在英语知识点学习的过程中学习兴趣仍然偏低。部分学生在学习中对于英语单词掌握数量偏少，主要是学生思想上出现了偏差，认为英语单词背了也没有实际意义，在未来的生活中也不能起到任何作用。此外，初中生学习的课程种类较多，部分学生不想在英语知识学习中浪费过多的时间。掌握的知识点主要是教师在课堂上讲解的内容，甚至很多时候连教师讲解的内容也不能全部记下来，当再次上英语课时这部分知识点也出现淡忘的情况。初中英语所涉及的英语语法种类相对较多，这部分知识点生涩难懂，学生所处的语言环境大多数是汉语环境，学生掌握这部分语法知识点仅仅依靠死记硬背的形式，部分教师也仅仅是让学生在课余时间完成大量的练习，以此达到记忆的目的。在这种教学模式下，很多学生答题的能力非常强，但是英语知识的理解能力却不尽如人意。

（四）部分学生并未掌握正确的学习方法

部分学生的英语基础不牢固，在记忆单词时普遍采用死记硬背的方法，并未结合自身实际情况寻找高效、适合的单词记忆方法，在阅读英语课文时也未联系上下文对词汇的含义进行更深层次的理解，仅片面地通过拼写的方式记忆单词的含义，无法将其灵活运用到具体的英语语境中。此外，部分学生尽管已熟练掌握了单词的含义，但在短时间内又会遗忘所学知识，无法保证英语学习的质量和效果。

第二节　初中英语语法教学现状

一、教师方面

（一）语法教学手段口诀化

有的教师把语法知识的记忆误当成语法学习本身。例如，有的教师用所谓“顺口溜”帮助学生记忆语法要点，在语法课堂上常常能看见教师教给学生语法记忆“口诀”。比如在七年级语法课堂上，教师传授序数词记忆口诀“一二三，特殊记，词尾字母 t、d、d”之类的行为。用这种方法教语法，即便学生记住了也不会用，最终语法教学呈现出低效状态。

（二）英语语法教学被弱化

传统的英语教学主要以语法翻译法为主，而且语法翻译法对英语学习有非常大的作用，尤其在没有语言环境的条件下，对于刚学英语的学生来说，离开母语教学是不现实的，但是过多地强调语法翻译，会占用太多的时间，也不利于学生听说能力的培养，而且语法的条条框框会使学生失去学习英语的兴趣。随着新课程的改革，教师越来越重视学生语言能力的培养，其教学行为和教学方式也发生了很大的变化，不再是以前那种学生被动学习、教师满堂灌的教学模式，师生互动的场景成为课堂常态。然而，这种把培养交际能力作为教学目标的教学方法，又走向了另一个极端，较为强调口语交际能力的培养，而忽视语言知识体系的构建，导致学生语法基础知识比较薄弱，在英语学习中感到非常困难，没有阅读的兴趣，读不懂英语小短文，更别提英语写作了。甚至有的学生很难准确地表达语句，主语、谓语、宾语分不清楚，也不知道名词、动词、副词、代词、形容词等是什么，弄不清楚词句的结构。这也导致英语时态学不好，英语学习越来越困难，失去学习英语的兴趣。

（三）语法教学方法没有创新

教学方法是影响课堂教学质量的关键因素。在新课标中明确要求，英语课程的设计和实施要有利于学生主动学习，要充分发挥学生的学习潜能，提高学生自主学习的能力。这就要求教师跟上时代发展的要求，创新教学方法，如果只是采用以讲授为主的传统教学方法，不仅抑制了学生学习的主动性和积极性，而且不利于学生学习能力的培养，也影响了课堂学习效果。还有的教师认为有些新颖的教学方法只是花架子，华而不实，浪费时间，影响教学进度，而讲授法能够在短时间内完成教学任务，不会影响教学进度，持此态度的教师大都没有主观积极的态度，对工作不求上进，更没有努力地去适应新课程改革，教学成绩落后。教师应该根据新课标的要求，创新教学方法，如采用小组合作、角色互换等方法调动学生学习的积极性，既培养了语言表达能力，又学习了语法知识。

（四）不注重英语语法的考评

为了检验学生的学习效果和教师的教学水平，就要进行适时适量的测试，通过对学生成绩的评比，既可以了解学生的学习方法是否科学，学习态度是否积极，还可以使教师发现教学过程中的不足，积极改进教学方法。科学的考评是促进教师和学生共同进步、共同提高的有效手段，如果运用得当，就会形成良性循环。但是，在英语考评中，有关语法的内容很少，主要偏重于阅读、单词，这样就很难了解学生对语法的掌握程度，同时语法考试内容少，也使教师不注重语法教学、学生不重视语法学习。

二、学生方面

（一）学生英语语言实践不足

在传统的初中英语语法教学中，教师没有为学生练习英语口语创设良好的语言环境，导致学生无法得到有效的语言训练。

（二）学生语法学习效果不佳

在英语语法学习中，学生的特点之一就是缺乏反复记忆的意识。初中学生的大部分知识是在课堂上获取的，课后不及时巩固加深记忆，自然就不能扎实掌握语法，最后导致的学一点忘一点，学得好一点的学生尚能或多或少掌握一些语法知识，而有的学生就一无所获。

（三）学生对语法缺乏兴趣

学生大多对英语学习缺乏兴趣，对语法学习易产生排斥心理。因此，教师不要一味地指责学生，而要通过有效手段激发学生学习语法的兴趣。这就需要教师在教学中不断进行反思和经验总结，从而不断改进教学方法。

第三节 初中英语听力教学现状

一、教师方面

（一）发音不准确

英语本身就是一门外语，学生的学习主要是靠英语教师的语言浇灌和引导，这样学生才会学到更多的英语知识。在实际的英语教学过程中，部分初中英语教师由于自身发音有误或自身的家乡口音太重，造成英语发音不准确、谐音等现象。教师在这种情况下去教授学生，学生听到、学到的也是和教师同样有误的发音。而且由于学生对教师的崇拜心理，他们不会去发现错误，只是扮演好学生的角色。这就会导致学生在英语听力考试的过程中，对标准的英语发音产生疑惑和不确定，进而导致对听力题无从下手的局面，直接影响英语考试成绩。这为学生以后的英语学习和交流埋下了极大的隐患。

（二）受考试观念的影响

部分教师的教学仍然是“灌输”的思想，无法激发学生的学习热情。在听力课上，教师通常会把英语试题当作英语练习的素材，反复播放英语测验的听力录音，使学生能够正确地理解所学的知识，但是英语听力技巧的训练与方法却不够全面，没有充分认识到英语听力教育对于英语能力培养的重要性，忽视了英语听力技能的培养，对英语应用能力的提高是不利的。

（三）英语听力教学模式单一

最好的方法就是浸入式教学，也就是进入一个特殊的语言情境中去。如果没有合适的语言环境，那么英语语感的建立就必须依靠每天的听力练习。但是，从初中英语的教学实践来看，部分教师的课程仍然偏向于培养学生的阅读和写作能力，导致学生的听力能力变得越来越弱。

当前，我国部分初中英语课堂的听力课仍采取“老师放音”“查对”“解题”“复读”等方式进行教学。这样的教学方式虽然能起到很好的效果，但并不能很好地培养学生的听力技巧，教师只负责把录像带和讲课的内容放在一起，如锁定关键词和作者简介，捕捉重要的知识，理解和判断听力的结果。总体而言，教师在平时的练习中经常会使用英语课本或者考试中的听力素材，内容单一，缺乏难度梯度。一些教师所选用的课后听力材料也不够好：有些听力材料只考查了词汇的数量，有的听力材料由于难度过高会让学生失去自信。这些都不利于培养学生的英语听说水平。在英语听力教学过程中，初中生往往被动地从教师那里学习知识，他们的自主思维会减弱，不能充分地激发学生的学习动机，从而容易造成恶性循环。

（四）缺乏对学生听力技能的培养

在分析当下的英语听力教学时不难发现，部分教师的教学仍停留在“听”的浅表层次，对于怎么去听、如何抓住重点、如何快速理解文中之意等技能没有过多的讲解，学生无法掌握到听力学习的技巧，从而导致很多学生的听力水平始终没有提高。对于英语听力学习来说，细节是关键，如每一个句子的停顿、词句之间的节奏等，而这些细微之处往往藏着解题的关键。此外，教师对听力内容的讲解不够详细，甚至有些教师在学生听力练习过后根本就不对文章做过多的讲解，使学生无法掌握文中的重点在哪里、自己所欠缺的部分在哪里，就更不用提对听力技能的掌握了。

（五）忽视了英语听力的重要性

初中英语和小学英语不一样，小学只是学习简单的单词和语句，让学生对英语有一个初步的了解；但初中英语会学习很多的语法、句型，词汇量也逐渐增大，英语学习的难度也逐渐加大。因此，一些初中英语教师会让学生通过各种习题练习或者组织学生互相交流练习语法，用各种记忆方式增加词汇量，认为学好这些知识就是对英语知识的有效掌握。其实这是一种错误的思想意识。在英语学习中，听力也是很重要的一部分。而教师如果忽视了对学生英语听力能力的培养，会造成学生对英语听力能力培养的意识淡薄。学生在学习的过程中，会把大部分的心思和精力都用于说、读、写的学习中，导致学生会认、会读、会写，但是不会听。这对于学生英语的综合学习能力培养有一定的影响，体现不出听、说、读、写的全面性。这和学生学习英语的最初目的有一定的差距，对学生的英语核心素养提升造成了一定的阻力。

（六）英语听力教学方式缺乏趣味性

现在部分初中英语教师在听力教学中依然采取落后的教学方式，除了教师的口述，就是“教师放听力，学生听”这样机械单一的形式，整个教学过程缺乏趣味性，学生参与听力学习活动的积极性不高，认为听力学习枯燥乏味，在听的过程中就不能做到聚精会神，影响了听力学习的效率。另外，一些听力内容比较难，不符合学生的认知水平，就会打击学生学习英语的热情和信心，并且有的教师也没有给予肯定和鼓励，反而会提出严厉的批评，这样必将严重影响英语听力教学的效果。

（七）英语听力教学内容设置不合理

从现代教育视角来看，教学资源能够对教学效果起到直接的影响。如果具有充沛且优质的教学资源，那么能够对学生的学习能力和科目素养的培养起到有效的促进作用。但是，在目前的英语听力教学中，部分教师给出的听力教学资源局限于英语教材，只是借助教材上的听力素材对学生进行听力训练，而教材上的听力素材多为一些基础性的听力资源，无法促进学生听力能力的进一步发展和提升，也无法提升英语课堂的听力教学实效。

有些教师设置的英语听力教学内容也存在一定的不合理之处。一是英语听力教学内容缺乏层次性，不同学生在英语听力方面的学习能力是存在差异的，然而教师给出统一难度的听力教学内容，并未考虑学生在听力训练方面存在的差异化学习需求。二是英语听力教学内容缺乏递进性，有些教师忽略了听力内容对学生听力学习效率的影响，甚至一些教师在听力训练之初就给出一些难度较高的听力内容，无形之中影响了学生的听力信心，不利于学生以积极的状态和活跃的思维进行听力练习。

二、学生方面

（一）语言种类方面存在差异

英语和汉语属于不同的语种，在语言结构、文字表达方式上有巨大的差异。英语属于拉丁语系，而汉语属于象形文字。学生在学习英语时重要的是针对语言种类的区别及时转换语言思想，转变心态，适应差异。语言的要素主要包括语言知识和语言技能，学生在学习时要掌握单词字母、习惯用语、固定搭配、语言文化背景等相关知识，学习的过程中存在畏难情绪也是正常现象。而听力属于英语语音知识，对学生英语思维的形成有重要作用。学好英语听力需要综合掌握英语的词组、句型和语法知识，需要学生具备一定的基础，否则在听力活动中学生就无法通过听力文本获得重要的信息，阻碍听力学习效果的最终达成。由语言种类的差异造成的学生听力障碍可以分为语音障碍和词汇障碍两个方面。具体而言，语音障碍指的是学生对英语的发音不熟悉，缺乏语音基础会降低学生的听力水平，也就是说提高听力成绩必须过语音这一关。如果学生对标准英语发音不熟悉，就容易出现听力上的错误。词汇障碍简单来说就是学生对单词不熟，听不出来。词汇是语言的基础，学生要提高听力水平就要有词汇量的支持。同时，单词的教学也贯穿整个英语教学的始终，是一项重要而艰巨的任务，学生只有在学习中不断攻破单词难关才能把听力素材结合起来，准确理解英语文本的真实含义。到目前为止，由语言种类差异造成的障碍是阻碍学生英语听力成绩提高的最关键要素。

（二）学生英语听力基础薄弱

学生英语听力基础普遍薄弱，缺乏基本的语言辨识能力，难以完成基本的内容翻译、理解任务，不利于听力能力的持续性提高。在初中英语学习过程中，学生由于学习内容的生疏、文化环境的陌生及受母语干扰、听力习惯、心理因素等影响，在英语听力学习中普遍感觉困难。很多初中生的英语知识和综合运用能力只有小学水平，尤其是在听力方面，很多时候完成相关习题训练时只能靠猜测，完全没有听懂录音内容。

（三）学生英语听力学习态度消极

学生学习态度消极，在英语听力学习过程中表现为缺乏正确的学习观念和意识，缺乏主动参与学习、主动发表看法、主动完成创新探究的意识和能力。在初中英语学习中，部分学生对英语学科抱有消极、逃避的学习态度，主观地认为英语学科比其他学科知识更难学，从自身思维上对英语学科持抗拒态度。学生在英语听力学习过程中缺乏主动性，没有主动探究、积累知识的良好学习意识，导致整体学习效率降低，学习效果不佳。

（四）学生对听力学习不够重视

在初中英语教学中，大部分学生将学习的重点放在词汇的背诵、语法结构的运用以及阅读理解方面。对于听力学习，大部分学生都重视不足，认为只要掌握词汇、语法相关知识，听力能力自然而然就能提升，不需要系统地进行听力学习。学生对于听力学习不够重视，是学生听力能力难以提升的根本原因之一。

（五）学生缺乏英语听力定性

在如今的社会条件下，我们处于互联网浪潮下，学生在日常生活中所接触的电子产品数不胜数，尤其是智能手机、电脑等对其学习产生了较大影响，使其对作业、学习产生应付心理，将自己更多的时间应用在电子产品的娱乐中。这种现象导致学生在课堂实际学习过程中无法集中注意力，极易被外界因素影响。在英语听力练习以及课后听力作业中，学生缺乏专注度和定性，导致其英语听力训练的效果不尽如人意。

（六）学生本身的信息处理能力不足

语言的表达有时候是非常含蓄、复杂、多样的，中国有句古话叫作“闻弦歌而知雅意”。而在英语的对话过程中，其实也有着类似的情况存在。例如，很多的英语听力材料中都大量地使用了夸张、反语、比喻等修辞手法来表达作者真正的意图，但是学生对于语法知识掌握不足、词汇积累不够、对英语语境了解不详细等因素，导致在具体的听力练习中往往错过了英语对话中的关键因素，甚至对英语听力内容产生了与之相反的理解。如此一来，初中生的英语听力成绩自然也就无法得到有效的提高。

第四节　初中英语阅读教学现状

一、教师方面

（一）英语阅读教学理念落后

从目前的教学情况来看，仍然有一部分初中英语教师使用传统的教学理念进行授课，他们还是以考试成绩为主，忽视了对学生进行综合能力的培养，从而导致初中生只会应对考试试卷，却无法灵活地将英语知识运用到现实生活中，并因此制约了学生学科核心素养的形成与提升。

（二）英语阅读教学方法不当

在新课程改革的背景下，我国英语教育进行了重要的改革，逐渐开始实施素质教育，但部分教师在教学过程中仍然使用传统的满堂灌的教学模式。在进行初中英语阅读教学时，忽视了逻辑性和连贯性在文章结构中的重要作用，常常按部就班地翻译讲解，将教学的内容仅仅局限在词汇、语法的教授上，只注重学生对阅读材料的浅显理解，在讲解文章时忽视对文章深层次、细致的挖掘，这种方式很难调动学生的主动性，使学生在学习中一直很被动，教学过程也是非常枯燥乏味的。目前来看，这种单一的教学方法打消了学生参与英语学习的积极性，学生阅读能力的发展被大大限制了。

（三）英语阅读教学模式单一

现如今，大多数初中英语教师在进行阅读教学时往往采用一刀切的模式，即首先全班同学布置一样的预习任务，阅读课上先讲解词汇，然后让学生快速地阅读全文回答问题，再讲解一些细节性、学生难理解的问题，最后布置一个任务型活动让学生来检验学习成果。不可否认，这种模式相比于传统的阅读教学模式有了很大的提高，但是基于学生不同发展水平的现状，这种教学模式无法提高绝大多数学生的英语学习能力，甚至可能会出现水平高的学生一直水平高，而水平低的学生难以获得进步的局面。

尤其是初中生正处于青春期，他们活泼好动，思维活跃，渴望了解新鲜的事物。他们可能会觉得传统的教学模式会束缚自己的天性，不利于自己个性的发展，但是迫于现实的压力，他们又不得不接受这种局面，所以初中生就可能会用逃避的方式来表达自己的反抗意识。在单一阅读教学模式的教导下，他们对于英语阅读甚至对于英语学习的兴趣逐渐降低，把英语学习当作一种负担。这种教学模式还有可能导致学生的阅读思维方式僵化，在面对一些创新性的阅读题时可能会无从下手，不利于初中生创新思维的发展，不符合新课标与核心素养的要求。

（四）英语阅读教学趣味性不足

随着现代教育理论发展水平的提升，人们逐渐认识到学习兴趣对学生学习效果的影响。中学阶段的学生本身心智发展尚未成熟，兴趣依旧是其课程学习动力的主要来源。因此，在初中英语阅读教学工作中，教师需要关注如何激发学生的学习兴趣，让学生能够更有效地学习课程内容。但英语阅读教学内容繁杂，教师不仅要引导学生完成文本内容的梳理，还要对文本中的语言知识进行有效提取，以便学生完成基础知识的学习。这就导致部分英语教师在课程教学工作中忽视对学生学习兴趣的引导与激发。部分教师虽然能够在教学中使用现代教育技术，如多媒体教学设备，但也仅是将其作为展示教学资源的工具，并没有在资源内容和资源形式等层面做出实质创新，难以激发学生的学习兴趣。

（五）教学主题过于趋向考试方向

就教学情况来看，尽管近年来学校都倡导培养学生各个学科的核心素养，但由于受到家长的期待等影响，大多教师在实际教学过程中会将课堂教学设计以及教学重心都偏向考试内容，从而进一步强化学生在考试过程中的具体表现。例如，会注重学生在语法方面的正确应用以及词汇的积累等，以此来促进学生学习成绩的提高。尽管这些教学方式可以在一定程度上促进学生英语学习水平的提高，但与倡导核心素养的培养这一初衷背道而驰。与此同时，这样填鸭式的教学方式往往会忽略学生在学习过程中对于英语这一语言的应用，从而进一步削弱了学生对于英语这一学科的学习动机。甚至还有一些学校会将学生当作“机器”，要求学生机械性地进行刷题，帮助学生在短时间内取得良好的学习成绩。久而久之，便会削弱学生对于英语知识的学习兴趣，使学生的学习思维不再敏捷，甚至还会陷入固定化的答题套路之中。事实证明，在英语知识学习的过程中，如果脱离了具体的语境以及实际应用的环境，那么学生的学习便会是一种机械式的操练，这样只会进一步降低学生学习的积极性，并且还会使学生形成一定的思维懒惰性。由于受到考试中与阅读相关的题目的影响，部分教师的实际教学内容往往更倾向于强化学生在客观题方面的能力，也就是说，通过寻找文本片段中所存在的关键词语以及对上下文的内容进行理解从而排除错误的答案，或者是直接挑选出正确的答案。而要想帮助学生形成良好的独立思考以及问题分析的能力，主观类型的题目将更有助于学生将核心素养的培养融入初中英语的阅读教学过程中。如果过于重视客观题，从而忽略掉主观题的练习，便会形成本末倒置的误区，甚至会影响学生学习能力的形成以及发展。

（六）教师缺乏对学生的阅读指导

在初中英语阅读教学中，部分教师对学生的要求过于简单，缺乏对学生阅读教学的有效指导，尤其是在阅读策略性指导方面，没有结合学生的实际学习情况和需求，提升阅读策略性指导水平，最终使得学生的阅读能力不强。教师在日常的阅读教学中，会让学生利用教材进行阅读技巧的训练，还会让学生以词汇、句型、语法为主，增强阅读能力。不难看出，在传统的初中英语阅读教学中，部分教师只注重学生对课文单词、简单语法、句型的学习情况，让学生反复地进行训练。还有部分教师在英语阅读教学中，只是让学生停留在浅显的文本分析中，没有帮助学生深入了解文本背后的含义，从而对提高学生阅读能力产生很大的阻碍，降低了英语阅读的指导性教学水平和效率。在初中英语教学中，如果忽略对学生的阅读指导，也会造成学生的学习兴趣降低，影响学生学习和阅读水平的提高。

（七）教师英语阅读教学重难点不明确

在当前的初中英语阅读教学中，部分教师仍拘泥于将语篇中的知识点和语法点机械地输出给学生，大量罗列考点，并未基于学生的英语阅读思维层次明确阅读教学中的重难点。这样不仅让教师的教学内容变得琐碎、繁杂，还会干扰学生的阅读学习思路，降低学习效率，使学生逐渐丧失了对英语阅读学习的内生动力。

（八）英语阅读教学活动设计存在局限性

教师在围绕英语阅读教学开展思辨能力培养的过程中，需要明确认识到学生思辨能力的提升可以促进其英语阅读能力的发展。但同时，在初中英语教学中，学生对思辨能力具有更广泛的应用场景，仅仅通过设计阅读教学活动来培养学生的思辨能力是存在着一定局限性的。另外，部分教师对学生阅读思辨能力的培养主要集中在课堂之上，以开展阅读教学活动为主要培养方式，这虽然能够提升学生在阅读教学中的思辨能力，但也会造成学生缺乏其他提升自身思辨能力的途径。最明显的是学生缺少了利用课外时间自主提升思辨能力的方式，从而阻碍了学生的全面发展。

二、学生方面

（一）学生词汇量极少

单词是学生学好英语的基础要素，如果学生词汇量积累不到位，在写作和阅读时就会面临众多阻碍。许多阅读题会出现一些课本上没有的生僻词，一旦遇到生僻词，有的学生就会出现看不懂文章意思的情况，影响阅读速度和对文章主旨的把握，致使阅读题失分严重。

（二）学生课外阅读量较少

受到一些条件的限制，一些地区的学生无法正常进行课外阅读。有的时候，课外阅读的方式也很单一，接触的英语材料偏少，无法接触更多类型的英语文章。因为各种条件的限制，学生的阅读量下降，阅读量下降也让培养阅读能力以及提高阅读效率成为空谈。

（三）没有合适的语言环境

研究表明，大部分学生在英语学习中缺乏良好的环境。一般情况下，学生在课下不会用英语去进行交流练习，只是在课堂上教师引导时才学习。英语学习停留在了日复一日重复背单词、背课文、背语法的层次，学生英语阅读水平也因之持续低下。

第五节 初中英语口语教学现状

一、教师方面

（一）课堂教育活动过于单一

在现阶段多数英语口语教学实践当中，部分教师普遍表示只要有互动和交流，并以英语语言进行表达的便是交际活动。所以，在英语口语教学中，往往会存在教师准备了部分英文素材，同时选择其中涉及的经典句型，明确要求学生进行跟读和背诵，学会将其运用到自身的口语交际当中的现象；也有部分教师准备了一段英语素材，要求学生根据素材中的语境展开对话训练。上述这些普遍是当前初中英语口语教学中较为常用的教学形式。这些教育形式难以切实提高学生的口语交际能力，根本原因在于教师难以熟练且充分应用交际教学法，且部分教师针对学生课堂中可能出现的问题也难以有效应对。此外，部分英语教师的教育理念较为保守，创新性不足，忽视了对于学生认知能力与个性的关注，使得学生群体英语口语学习成效并未达到理想的效果。

（二）教师过度主导英语口语教学

在过去的初中英语口语教学中，教师作为课堂教学的主导者，把控课堂教学的节奏，导致学生长时间处于被动学习的状态。如今，大多学生普遍存在“金口难开”的问题，产生此种现象是因为学生在课堂中习惯于聆听教师的讲解，将自身视作课堂中的听众。所以，在初中英语口语教学中，大多学生普遍存在沉默的问题，很少有学生积极地以英语语言进行表达。并且教师始终主宰着课堂教学，导致“一言堂”的问题较为严重，难以激发学生对口语表达的主动性和热情。久而久之便会导致学生群体不愿用英语进行表达，从而使得英语口语教学难以发挥有效提高学生群体口语交际能力的作用。

（三）教师对英语口语教学不够重视

初中英语教学中“轻口语教学”的问题一直存在，这与英语教育理念滞后有直接关系。同时，初中英语口语能力考核机制不健全，口语不作为考核内容，因此英语教师在教学设计与组织活动中很容易忽视口语教学的重要性。教师作为教学活动的设计者和组织者，他们本身的教育理念会对教学质量产生决定性影响，轻视口语教学的问题长期没有得到解决，初中生的英语口语交际能力也一直得不到提升。

二、学生方面

（一）学生英语交际焦虑

在基础教育阶段，学生英语口语焦虑水平处于中等，其中课堂焦虑恐惧和交际恐惧水平较高。焦虑一直是研究人员探讨的重要课题。研究表明，在比较成功和不成功的学习者中发现，过度焦虑是导致英语口语学习失败的重要原因。焦虑从其表现形式来看，可以分为交际、负评价以及考试焦虑三种。其中，交际焦虑指的是个体在与他人或者群体交流的过程中，所展现出来的真实或者虚假的生理或心理反应。英语作为第二语言，学生在交流的过程中，比起熟练掌握的母语，难免会磕磕碰碰，加上紧张焦虑，就会冒冷汗，说话无逻辑。针对这种情况，学生会自发选择闭口不谈来避免犯错出丑。自发性的回避就给英语口语教学带来巨大的难题，严重的话学生甚至会出现厌学情绪。

（二）学生对英语口语学习存在抵触心理

初中英语口语教学应该打破“书本化”教学限制，以培养学生语感为目的，通过实践，增强其口语表达能力。同时，学生处在思维活跃且知识体系高速构建的基础阶段，对一切未知事物都充满好奇心与探究心。但是，细观当前部分学生的英语学习情况不难发现，多数学生对英语口语学习存在害怕、恐惧、抵触、排斥等负面情绪。究其原因，一是英语知识体系和语法结构都迥异于学生习惯的母语知识系统，同时学习两种语言，思维切换比较困难；二是部分英语教师仍然重理论、轻实践，学生通过对话语境进行口语表达的体验式学习机会相对较少，感受不到英语口语的吸引力；三是学生在英语口语学习过程中受自身敏感、紧张等情绪的影响，一旦表达出错就备受打击，如果此时再得不到教师的合理指导，就会产生逃避心理，在英语口语教学中“闭口不言”。长此以往，学生就会丧失对英语口语表达和口语学习的自信心。

第六节　初中英语写作教学现状

一、教师方面

在初中英语写作教学中，教师的教学效果在一定程度上决定了对学生输入的质量，从而影响着学生的自我消化。考虑中考带来的压力，部分教师会采用机械化的训练模式进行写作教学，基于这样的训练模式，涌现出了各种各样的教学问题，在很大程度上对学生的学习产生了影响。目前，在初中英语写作教学中主要存在以下三个问题。

（一）写作训练机械化

目前，我国初中英语教师的写作教学方法多采用比较传统的教学方法——结果教学法。部分教师将写作作为学生的家庭作业，教师根据文章的词汇以及语法使用的准确性进行统一批改，最后总结共同的问题并给出范文进行分析。学生经历这种机械化的写作训练时，如果不能产生一定程度的写作能力提升，就会很容易进入写作倦怠期。此外，从教师的角度看，这样机械化的写作训练方式也禁锢了教师的教学思维，使得教师无法将核心素养培养与教学融合在一起，且用此种教学方式会培养出落后于新时代发展的青少年。

（二）写作模式单调

在进行初中英语课堂教学时，一些教师还是沿用传统的英语写作教学方式，将英语单词、句式和语法分别进行教学，教学模式十分单调，有时候在进行写作教学时，没有给予学生足够的写作时间，学生的写作能力没有得到合理化的提升，学生的学习观念也受到一定的影响。在进行写作训练时，学生的写作方式也比较单调，学生的写作兴趣没有得到激发。

（三）写作教学评价方式单一

面临中考压力，有些教师往往为了追赶教学进度，而忽略了部分教学细节。教师在批阅作文时，往往也会采取集中批改的方式，没有针对性地解决学生在写作中存在的问题。在初中英语写作教学中，教师通常会利用评分的方式来对初中生的作文进行评价，修改意见不明确。如果学生不理解修改意见，那么反复的修正是没有意义的。所以，单一的评价方式在一定程度上会使初中生无法准确地改进作文，并且使得学生对写作评分标准产生怀疑，从而在很大程度上影响了学生写作能力的提升。

二、学生方面

学生学习英语写作是一个个体内部消化的过程，它对学生的输出程度有着很大的影响。英语写作本身就是一个需要长期积累以及自我创新的学习过程。初中生在英语写作学习方面主要存在以下四个方面的问题。

（一）写作兴趣不浓厚

兴趣作为学生学习最好的老师，能够有效地提高学生的学习积极性。然而，就目前学生的学习情况而言，部分学生丧失了对于英语学习的兴趣，对于英语写作也具有较强的畏惧心理，这就严重降低了初中英语写作整体的教学质量。一方面，受传统教学模式的影响，部分学生被局限在模式化的写作学习中，这就容易导致学生对于英语写作失去兴趣，所写出来的英语作文也普遍存在着写作质量不高、写作内容浅显的问题，学生的写作能力也就无法提升；另一方面，英语写作是初中英语教学中的重难点内容，随着年级的升高，英语写作的字数要求和题目要求等也在随之增加，并且，英语写作是对学生英语综合能力的考查，这就使得学生在开始用英语写作时就存在着畏惧心理，一味地认为英语写作难度较大，难以突破自身的心理障碍，一想到英语写作就引发其烦躁心理，这非常不利于学生英语写作兴趣的培养。

（二）课外阅读流于形式

课外阅读不仅仅针对汉语学习，英语的课外知识也需要持续补充。当前，部分初中英语教师虽然要求学生要经常进行课外阅读，但一般是只布置任务，不进行必要的指导和检查；只重提倡，而不抓实效，使得课外阅读流于形式，不能很好地培养学生的阅读能力。

（三）英语写作缺乏创新性

英语教材中所涉及的英语单词和句式都是固定化的，学生如果在写作时，只根据教材中学到的内容进行写作，会无法认识到阅读和写作之间的关系。而且有些学生无法将自己学习过的知识应用在实际的写作训练中，其英语写作内容也缺乏创新性，缺乏一定的情感表达。

（四）学生没有养成良好的写作习惯

多数学生课前没有对写作话题进行相关了解，所以可能存在已有经验不足以支撑写作的情况；很少有学生会有意识地积累好词好句，这样就会在写作中出现精彩语句匮乏的问题；多数学生在写作前不会列出提纲和关键词，写作时间紧、任务重，可能写作中途忘记刚刚的思路进而影响对写作时间的把控，最终影响写作质量。另外，也存在一部分学生写作过后没有认真检查和修改，因为写作时粗心而犯一些低级错误，影响写作质量。

第三章　核心素养下初中英语词汇教学

本章分为初中英语词汇教学概述、初中英语词汇教学设计、核心素养下初中英语词汇教学策略三部分。

第一节　初中英语词汇教学概述

一、词汇与词汇教学

（一）词汇

词汇是人类语言最基本的组成要素，而词汇三要素便是音、形、义。语音是词的口语代码，词形是词汇的外在表现形式，意义是词汇所包含的信息内容。

在英语学习中，很多学生的发音存在很大问题，如单个音标不会读、单词经常读错。因为这些学生无法利用单词拼写和读音之间的一一对应关系来辅助记忆拼写和检查单词拼写的准确性。背过的单词很快被遗忘，没学过的不敢尝试拼读，致使他们掌握的词汇量小，而且易混淆拼写类似或读音类似的单词。这都是英语学习常见的现象。

语言学家将单词意义分为概念、附加和语用意义。词汇的概念意义是词汇的字面意义，是自然界中存在的实体或概念。词汇的附加意义是指词汇的情感、联想意义。它是人们对事物的理解和看法，附加意义会因文化背景、地域不同而天差地别。鉴于学生大多会忽略附加意义，教师应有意补充并引导学生关注词汇的内在含义，它有时可用来区分近义词。词汇的语用意义是指词汇在语境中使用的意义，这是初中英语词汇教学的重要方面。在英语词汇教学中，除了教授必要的概念意义外，教师需要根据具体的语境、考试的重点来决定教授哪些意义和用法，并引导学生到具体的语境中去具体分析。

（二）词汇教学

以英语词汇为教学重点和教学目标，并使学生掌握词汇的过程，是初中英语教学中的重要环节。简单来说，就是由教师以某种方式进行词汇发音、词汇拼写、词汇含义分析、词法搭配、词汇适用语境等的输入活动，目的在于实现学生顺利输出的预设过程。

1. 词汇教学的内涵

想要明确词汇教学的内涵，首先要明确词汇的内涵。没有语法，能表达的内容很少；没有词汇，什么都表达不了。在语言学习中，学习者的词汇量与语言交际成功与否是正相关的，一个人的词汇量越多，则他们在语言交际中就会更占优势。由此看出，词汇在语言学习和交际中的重要性。《辞海》关于“词”的定义为语言组织中的基础单位，能独立运用，具有声音、意义和语法功能。因此，教师要注重词汇教学在英语语言教学中的地位。

大多数人认为词汇教学就是教师向学生阐述词汇的意义以及用法，而事实并非如此。美国语言学家华莱士（Wallace）认为，学习者学会一个词语应该能够认识它的各种形式、随时能想起来、能与具体的概念或物体联系起来、能够正确地拼写与发音、知道它的内涵意义与联想意义、能够正确地搭配或者使用它。英语词汇教学是以现代语言学理论为指导，以词汇为教授对象的课程，主要包括词的释义、形态结构、构成方式、来源与发展、词义的变化以及习语等。英语词汇教学的核心理念就是教师通过教授词汇培养学生相关的技能和英语思维，提高其语言综合运用能力。随着语言学及心理学的发展与变化，国内外专家学者对英语词汇教学从不同的角度进行了深入研究。例如，广西师范学院外语系的陈光伟认为词汇教学应重点培养学生的学习兴趣以及归纳总结词汇记忆规律能力，并强调对学生进行词汇习得策略教育。专家学者对英语词汇教学的发展做出了巨大的贡献，并对词汇教学给出了不同的看法与论述。词汇教学指教师在一定的情境下对学生讲授关于词汇的音、形、义方面的知识，并在听、说、读、写等技能方面强调音、形、义的统一，引导学生了解词的惯用搭配及意义，给学生提供运用词汇和提高词汇水平的机会，传授给学生词汇记忆策略，培养学生的文化意识，使学生能够在语境中掌握词汇并合理地运用词汇，为学生各项英语技能的发展与提高奠定良好的基础。

2. 词汇教学的模式

在认知过程中经过形成、修改、提升和总结的一系列步骤后得出，并被大众普遍认可的行之有效的做法被称为“模式”。这不是虚拟的概念，它可以在真实的教学情境中使用，并具有普遍性和稳定性的特点。模式是抽象理论的解释和具体化，是理论与实践的桥梁，肩负普遍性与特殊性的双重特性。根据上述内容，英语词汇教学模式可定义为：在英语教学过程中以英语词汇为教学目标获取灵感并进行多次完善，而形成的普遍适用且稳定的一种可实际操作、可被借鉴的教学流程。词汇教学模式有很多，但应用较广泛的为以下三种。

（1）翻转课堂词汇教学模式

翻转课堂的方法是以学生为中心组织每一个学习环节，因为他们是最重要的主体。一线教师目前采用的翻转课堂教学模式分为五个阶段：教师准备材料、课前学生学习、课前与学生互动、课中强化和应用、课后复习。这种划分考虑了真实的学习情况，并与词汇教学的特殊性相呼应。其中主要的阶段是准备材料阶段，教学质量直接取决于此。材料的主要类型有教学材料、视频、教案、供学习者自我评估的材料等。

（2）多模态词汇教学模式

多模态学习的优势在于将不同类型的信息和数字化学习设备结合起来，营造出一种接近真实社会的语言氛围，使学习者在学习过程中不仅受到一种感官刺激，将听觉、视觉和触觉也应用到其中，充分利用现有的不同学习材料和资源，如文字、图像和声音。这种教学方法的优势在于让学习者仿佛置身真实场景中，准确评价自己的学习能力，学以致用并及时查漏补缺，很大程度上优化了英语词汇教学的效果，最大限度地利用教学资源，实现既定的教学目标，提高英语词汇教学课的趣味性和能动性。

（3）混合式词汇教学模式

混合式学习是一种新的网络学习模式，其打破了传统教学模式的时间和场所限制，可以在任何时间、任何地方开始学习。混合式学习主要用于学前阶段，目的是锻炼学生的自主学习能力，并利用微学习模式帮助学生克服课程中的困难。在线上教学的基础上利用课堂教学面授并进行合作探究。课后总结阶段，根据学生的实际情况为其提供一些有趣的线上学习资料，通过回放线上课程巩固重难点。词汇学习混合模式的目的是将线下和线上的教学方法结合起来，提高了整体的教学效果。

3. 词汇教学的分类

目前，词汇教学领域比较权威的分类是由词汇教学与研究领域的新西兰知名学者保罗·内申（Paul Nation）提出的，主要分成四种方式。第一种是按照词汇教学中心进行分类，分为以意义为导向的词汇教学、以语言形式为导向的词汇教学、以语音、形态为导向的词汇教学等；第二种分类维度是词汇附带习得情况，由此可以分为直接性词汇教学和间接性词汇教学；第三种分类是依据词汇教学过程，可分为输入性词汇教学和输出性词汇教学，这与按照学生词汇使用的方式而划分的接受性词汇教学和产出性词汇教学前后互证；按照词汇使用频率，又可分为高频次教学、低频次教学、学术教学等，这是英语词汇教学的第四种分类方式。

二、英语词汇教学研究

（一）国外英语词汇教学研究

不同阶段的英语教学侧重的教学内容不同。早期的英语教学研究侧重于语法教学研究，随着交际法的发展和普及，词汇教学逐渐被研究者和教师所重视和提倡。下面按照时间顺序梳理国外对英语词汇教学的研究和探讨。

18 世纪末 19 世纪初，欧洲局部地区提倡使用语法翻译法进行教学，但由于此教学法强调语法知识对教学的重要性，忽视英语其他基本内容的学习，使学生头脑中形成语法理论知识，但不会应用到练习和实际生活中，学生的英语实践能力未得到提升。为了弥补语法翻译法应用性不强的不足，19 世纪末，欧美国家主张用直接法教授外语知识。直接法教学提倡模仿婴儿或儿童学习第一语言的自然过程来安排设计外语教学过程，它强调语言与存在于主体之外的客观事物间的联系，主要借助图片或实物并通过归类和联想的方式进行词汇讲解。直接法适合学习词义简单和具体的词汇，不利于学习抽象和含义复杂的词汇，但过分强调仿照和反复，缺乏规则性的学习方式。20 世纪 20 年代，美国盛行阅读法教学。阅读法是学生通过扩大词汇的掌握水平促进阅读能力提升，进而提升外语的习得水平。与此同时，英美国家的学者主张设计情境教授词汇，即情境法教学。情境法教学是在教学过程中，教师有目的、有计划地设计生动具体的情境，使学生深入情境，激发学生的态度体验。情境法的诞生和运用使词汇教学首次被外语教学认可并成为外语教学中重要的不可或缺的一部分。但学者对词汇教学的研究侧重于选择恰当科学的词汇教学方法。20 世纪 40 年代，美国的研究者创造并发展了听说法教学。听说法教学的理论基础是心理学理论基础中的行为主义心理学以及语言学理论中的语言结构主义语言学。听说法的特点是采用反复实践口语的方式并以句子的结构为中心强化练习。这种教学法利用句子的结构作为教学重点，培养学生的语言表达习惯，但它不重视阅读和写作的学习，也不重视学生的主体作用。20 世纪 60 年代，美国心理学家卡鲁尔（J.B.Carrol）创立认知法，也称为“现代语法翻译法”。认知法教学以美国语言学家诺姆·乔姆斯基（Noam Chomsky）的转换生成语言学为理论基础，先对外语的语言结构进行分析说明，再按照语言结构规则进行造句。它强调教学的首要任务是训练和提升学生的语言能力，强调学生的主体性和激发学生的主观能动性，促进学生进行有意义的学习和练习，提高学生的学习效率。其不足是忽略机械性练习和缺乏实践性。20 世纪 70 年代，美国布朗大学的教授特沃德尔（F.Twaddell）主张采用猜测策略摸索词汇含义。20 世纪 80—90 年代，有关词汇教学的讨论逐渐增多，研究者和教育家开始重视词汇教学领域的实证性研究，词汇教学发展进入新时期。

国外的研究学者对英语词汇教学的研究给予我们重要的启示。词汇教学不仅要教授词汇本身内容，还要教授词汇掌握技巧，培养学生的词汇策略意识等，这开拓了词汇教学研究的新思路，丰富了词汇教学理论，为词汇教学研究和发展做出了巨大贡献，也为国内词汇教学研究奠定了基础。

（二）国内英语词汇教学研究

我国的英语词汇教学研究起步较晚。国外的词汇教学研究始于 18 世纪，我国自 20 世纪 50 年代才基于西方的词汇教学理论研究对英语词汇教学进行探讨。20 世纪 70 年代，英语词汇教学开始被国内研究者重视，国内研究者也提出适合我国教学情况的英语词汇教学理论。下面从多角度、多层次展示我国英语词汇教学的研究情况。

1983 年，中国著名英语教育家汪榕培首次在《实用英语词汇》中提出词汇教学一词，并进行阐述。这本书被公认为词汇教学中具有里程碑意义的书籍。1984 年，语言学与英语教学专家伍谦光首次在《当代语义学理论与英语词汇教学》中将多种语义学理论与英语词汇教学联系，讨论分析语义学理论对英语词汇教学有何帮助，以及在哪方面帮助提升英语词汇教学效果。这种新型的教学方式标志着我国词汇教学发展到前所未有的崭新高度。1986 年，张韵斐在《现代英语词汇学概论》中对英语词汇进行详细描述，包括词汇的结构、词汇语音单位之间的联系与区别和英语词汇发展历程。1989 年，黎学智在《英语词汇逻辑记忆法》中对英语词汇进行探讨研究，通过词汇的分析对比，发现词汇结构的异同，指明词汇之间的包含关系，对词汇教学的研究逐渐深化。到 20 世纪末，教育者和研究者对词汇教学的研究进入新阶段。词汇教学不再采用传统、简单的灌输式教学，教师意识到学生的重要性，词汇教学重视考虑学生的认知水平和能力水平，尊重学生的主体地位，将主体性与词汇教学结合，使其富有趣味性、联系性、直观性。研究者开始重视词汇教学策略应用到实际英语教学中的重要性，并以二语习得理论作为研究的理论基础。我国研究者对英语词汇教学的研究程度不断加深，理解更加深刻。

三、初中英语词汇教学的重要性

（一）词汇的重要性

语音、语法和词汇是语言的基本构成因素，而词汇则是其中最关键的要素。如果将语言比作一栋大楼，那么词汇就是建筑大楼的砖石。因此，掌握足够多的词汇，能够让学习者在英语听、说、读、写过程中更加轻松有效。当学习者具备了基本的语音和语法之后，词汇的作用才得以表现出来，此时，词汇量的多少在很大程度上影响着学习者英语能力的高低。

《义务教育英语课程标准（2022 版）》对初中生该掌握的三级词汇作出一定的要求：了解英语词汇包括单词、短语、习惯用语和固定搭配等形式；理解和领悟词汇的基本含义，以及在特定语境和语篇中的意义、词性和功能；通过识别词根、词缀理解生词，辨识单词中的前缀、后缀及其意义；在特定语境中，根据不同主题，运用词汇给事物命名，描述事物、行为、过程和特征，说明概念，表达与主题相关的主要信息和观点；围绕相关主题学习并使用约 1600 个单词进行交流与表达，另外可以根据实际情况接触并学习相关主题范围内 100—300 个单词，以及一定数量的习惯用语或固定搭配。与此同时，初中英语教材有效地整合了学科知识、生活经验和社会发展等内容，题材广泛，语言地道，话题贴近日常生活。比如近年来，陕西中考也发生了很大变革，英语题型也在不断变化，从 2017 年开始没有了单项选择题，2020 年又增加了一篇听力短文填空。目前的试卷中不管是完形填空和阅读理解，还是根据句意完成句子和书面表达，都是在考查学生英语词汇量的多少。这些试题不仅考查单词的拼写，还考查深层次的能力，如转化词形等。因此，面对更高的词汇要求，有效的词汇记忆方法显得尤为重要。为了让学生掌握足够多的词汇，在实际教学中，教师要改变传统的教学方式，同时要教授学生一些词汇记忆策略，从而提高学生的词汇记忆效果，以便更好地运用所学知识。

（二）初中英语词汇教学的重要性

词汇在语言中的作用相当于人体骨架的器官和血肉。对于英语的学习，词汇参与全部过程之中，如果越过词汇学习英语，那么一切英语学习便是空中楼阁。学好英语就要先将词汇这个基础筑牢，因为它关系下一步学生英语语言运用能力的提升。

如今，对英语词汇考查更看重的是在相关的语境中能否正确使用词汇。通过对中考模拟题及中考真题进行研读发现，题型分为六部分，分别是选择、完形填空、阅读理解、交际运用、任务型阅读和写作，各部分题型都会侧重于考查词汇运用，特别是任务型阅读与交际运用。任务型阅读在阅读理解基础上要求用具有概括性的词语补全所给出的阅读框架；交际运用也是以某种话题为核心，要求填写单词的适当形式；单项选择侧重于考查词汇间的辨析。通过对比全国各市的中考题，发现中考题都侧重于考查学生能否在阅读语篇中综合运用词汇。

初中阶段是英语学习的最佳期和关键期，作为语言学习的基础，初中英语词汇教学的重要程度不问自知。初中阶段学生的思维开始变得活跃，对新的事物充满好奇，愿意探究、运用规律解决问题。调查发现，部分初中生在英语词汇学习时只是机械地朗读、拼写、死记硬背。学生能够理解单个单词的含义，但当词汇逐渐增多，相近的词形、词性也增多时，学生容易混淆词形相似的词汇。而且八年级词汇的难度加大、数量增多，学生在理解和记忆词汇方面出现困难，正确使用词汇的能力逐渐下降。教师在教学中也会布置大量阅读或者词汇练习，由于其类型较为广泛，学生难以发现规律便无法深入理解词汇。听写词汇时，学生正确率较高，但是在语篇中填写词汇相应形式时便错误百出。

由此可见，对英语词汇的考查已经超出词汇的表层，而是关注学生是否能理解和正确运用词汇。但目前在初中英语词汇教学中，学生掌握词汇仍是靠单纯的背诵、独立的练习等方式。要让学生能学好英语，就要将词汇学好，在初中关键时期，英语教师引导和带领学生学好词汇尤为重要。虽然在教学中教师也会布置阅读学习词汇的任务，但是如何阅读语篇帮助理解和运用词汇才是关键。如何提高英语词汇的教学效果，这也一直是英语教师关注的问题。

四、初中英语词汇教学的理论基础

（一）语义场理论

语义场理论是现代语义学研究的重要内容。

1. 语义场理论的定义

“场”最初是物理学科中的概念，逐步被引入现代语言学领域，其目的是解释不同词汇之间的相互关系。语义场本质在于对词汇特定层面和普遍层面的关系进行研究。通过一个共同概念，可以在词汇体系中构成语义场。

①词汇之间存在语义联系，从而形成一个整体的词汇体系。该体系不稳定，且经常变动，一方面，新旧词汇会更替；另一方面，词之间的语义关系不断调整，某个词的词义扩大，其相邻词的词义则随之缩小。

②由于词汇的语义关系相关联，就不能孤立地考察个别词汇的语义变化，而应从总体上进行考察。

③词汇的语义有一定联系，因此，只有通过对某个词与其他词的语义关系的分析和对比，才能判断出词的真正含义。词汇只能在其自身的语义场内发挥作用。

德国语言学家特里尔（Trier）的语义场理论通常被认为是聚合的。它处理上下义、同义、反义等词之间的聚合关系。聚合关系对词汇知识广度的习得至关重要。德国另一位语言学家波尔齐希（Porzig）的研究重点在于词项之间的结合，从而发展了特里尔的理论。波尔齐希将他的理论建立在名词和动词、名词和形容词组合位置之间的关系上。这两个词汇集在句法中被称为“本质意义关系”。

根据波尔齐希的观点，如果没有搭配位置，就可能无法真正理解某个词的意思。这种搭配位置的组合关系有利于深度词汇知识的习得。特里尔和波尔齐希的理论相互补充。

2. 语义场理论的发展

语义场理论一词由德国科学家洪堡（Humboldt）和瑞士语言学家索绪尔（Saussure）提出。洪堡在 19 世纪中叶提出语义场理论的粗略概念。语义场理论在索绪尔的结构语义学总体框架下发展起来。19 世纪末，语言学家开始对语义场理论进行研究。例如，特里尔开始定义语义场理论的真正概念。他把语言中的所有词汇都划分成一个大词汇场，将这些大词汇场划分为小词汇场，再对小词汇场进行细分。他认为，通过这种方式，每个词汇都会在概念领域占据一定的位置。这意味着所有的词都是“与其含义相关联的统一的词汇系统”。

特里尔的理论从词义的概念角度来研究词义的集合，即词场理论。尽管他的语义场理论模糊了词汇的含义，但其思路基本成为语义场理论研究的重要理论依据。1938 年，特里尔和德国学者魏斯格贝尔（Weisgerber）再次阐述了这一理论。他们不把词汇视为一个独立的意义载体，而只是一个纯粹的关系成分和结构成分。

直到20世纪50年代，由于结构语义学的发展，该理论才受到广泛的关注。波尔齐希在1957年为语义场理论增添了新的视野，他的“组合关系”拓展了语义场理论的内涵。波尔齐希指出，语义场的概念主要是指词项之间的结合，在相同的语境下，属于同一语义场的词汇在搭配方面具有相似性。由于词汇能够在相同的语义场中出现，说明词汇具有某些语义上的共性。这个观点与特里尔的“语义场理论”不同，它是关于句法场的理论，研究集中在词汇共现的内部关系和词汇在同一上下文中出现的可能性。特里尔和波尔齐希从结构主义出发，假设单个词汇或语言单位的意义，是由聚合关系（对立或替换）和组合关系（等级或顺序）决定的。语义场理论在英国语言学家约翰·莱昂斯（John Lyons）的著作《语义学》中得到全面发展。莱昂斯认为，在一个词汇系统中，每个词的核心意义都与其他词相联系。任何令人满意的词汇结构理论都必须整合特里尔的聚合关系和波尔齐希的组合关系。20世纪80年代以后，这一理论在国内受到了广泛重视。

3. 语义场理论的功能

第一，目标词的意义可以由相邻词来确定。词汇根据语言构造进行排列，为了理解目标词的意思，必须考虑其他相邻词的意思。由于词汇在一定的语义场框架下是相互关联的，所以借助相邻的词可以清楚地理解目标词的意思。另外，虽然在同一语义场中不同的词是相互依存的，但在同一语义场中可以通过其他词猜出某个词的意思。此外，借助语义场可以清晰地识别词的异同。

第二，语义场可以对同一语言在不同时期的不同层次进行历时比较，对同一时期的两种语言进行同步比较，对不同语言的词法结构和同一语言的不同状态进行比较。

第三，新学到的词汇与以前学过的词汇可以建立联系。在语义场框架内，具有共同或相似特征的词可以由反义、同义、上下义等多种关系构成一个语义场。通过该方式，学生可以轻松地记忆词汇。

（二）深度学习理论

1. 深度学习的内涵

2005年，上海师范大学数理信息学院教育技术系的黎加厚先生首先向国内引入了深度学习理论并对其做出了详细定义。从其观点来看，深度学习的前提是理解，基于理解的选择是深度学习的重要环节；深度学习的过程是应用已有经验对新思想实施重构的过程，在重构过程中学习者的主动跨界思维切实发生；深度学习的目标是新思想和知识在不同情境下的知识迁移。这一概念对传统的学习定义进行丰富的同时，也对深度学习的特征进行了具体说明，如批判、重构等。

2. 深度学习的主要特征

根据深度学习理论的内涵，深度学习的主要特征包括知识的整合、优化与重构，学习的主动性和参与性以及社会文化的参与等方面。

（1）深度学习涉及知识的整合、优化与重构

深度学习是指学习者通过在以往的经验与目前所输入的新信息之间形成结构性关联，以便学习者采用有效转化的新知进行深度的操作和思考。学习者通过深度学习将以往的经验与所需掌握的内容联系起来，从而形成自己的知识结构。其所学的知识不是杂乱无序、孤立片面的，而是有逻辑、有关联、有结构的知识。

（2）深度学习涉及学习的主动性和参与性

美国学者琳达（Linda）提倡“一种以学习者的思维为核心的理解性学习，使其全身心地投入，用启发式的教学方法将其身体、心理、认知、逻辑和情感统一起来”。深度学习强调学习者的积极参与，学习不再是发生在颈部以上的活动，而是学习者的行为、情感、志趣、态度、个性等方面都能发生变化的过程。同时深度学习更加重视教师的引领作用，学习者在学有所长的教师的引导之下，一步步对知识进行探究，把握事物的本质与规律，对其进行应用与迁移，进而有助于问题的解决。

（3）深度学习涉及社会文化的参与

真实的中小学学习者在学校情境中的深度学习更多发生在“群体情境”中，而不是在一个“真空”中展开。中小学学习者在学校中所产生的深度学习多发生在课堂、课外集体活动等真实的群体情境之中，需要在群体交流互动中共同进行学习，因而涉及社会文化因素的参与。其学习必然带有特定的社会文化背景，同时受到特定社会文化的制约。

因此，深度学习理论和初中英语词汇教学整合的合理性表现在促进词汇网络的构建、调动学习者的积极性和参与性以及发展中西文化的交流意识和能力三个方面。第一，促进词汇网络的构建。初中英语教师进行课堂词汇教学时应将学习者以往所学的词汇作为导入新词汇的手段，引导其将旧知识与现有知识进行整合与优化，促进学习者对新知识的理解和旧知识的回顾，找到新旧知识之间的实质性联系，从而重构新的词汇网络。第二，调动学习者的积极性和参与性。词汇深度学习注重以学习者为中心，学习程度越深，学习者的参与程度也越深。教师在

词汇教学中通过对任务深度不同的设置，启发学习者将词汇知识运用于不同的情境以促进问题的解决，从而使其在词汇学习中获得成功的喜悦，增强其自我效能感与学习动机。第三，发展中西文化的交流意识和能力。英语作为一门语言，其背后蕴含着深厚的西方文化底蕴。词汇特别是外来词汇在中西文化中都屡见不鲜，是对社会生活与社会思想文化的重要反映。教师在英语词汇教学中能够引领学习者领略中西方文化数百年间的交流、融合与差异，对于其核心素养的培养、国际视野的开拓与爱国意识的形成具有重要的作用。

（三）建构主义理论

1. 建构主义的内涵

建构主义是认知心理学的一个分支，是由儿童心理学家让·皮亚杰（Jean Piaget）在20世纪60年代提出的概念，根据这一概念，儿童通过与周围环境的互动逐渐建构他们对外部世界的知识，从而发展他们自己的认知结构。建构主义可分为社会建构主义和个人建构主义。苏联心理学家维果斯基（Vygotsky）认为，个人学习的发展条件取决于特定的历史和社会文化背景，社会在促进和推动个人学习方面起着重要作用。美国耶鲁大学社会心理学家罗伯特·斯坦伯格（Robert J.Sternberg）、以色列社会学家伊莱休·卡茨（Elihu Katz）等人详细研究了个体自发性在认知结构形成中的重要作用，以及个体自发性如何参与和影响认知过程。华东师范大学心理学系吴庆麟将一般建构主义概括为“一种强调学习者主动建构知识和理解信息意义的思维方式”。

2. 建构主义的学习理论

建构主义理论非常重视学习者在学习中的认知主体作用，认为学习者是信息加工的主体，不是被动的接受者，而是主动的意义建构者。知识不是由教师传授的，而是由学习者在特定的社会文化背景下，在他人的帮助下，通过使用必要的学习材料构建意义而获得的。换言之，知识的数量并不取决于教师再现所教内容的能力，而是取决于学习者构建知识的能力。

两种学习者认知结构发生变化的方式被称作“同化”“顺应”。同化与认知结构发生的量变相关，而顺应与认知结构发生的质变相关。学习过程是新旧知识经验之间的相互作用过程，也就是学生与学习环境之间的积极互动，不再是单一的信息输入、记忆和输出。根据学习的定义可知，它依靠一定的社会文化背景支撑，同时借助人际的协作支持，从而形成具备积极意义的建构过程。至此，建构主义学习理论认为学习环境中的四大要素应包括“情境”“协作”“会话”“意义建构”。

3. 建构主义的教学思想

在进入学习情境前，学习者脑中应该已有过往对知识经验的积累，这是建构主义强调的重点。这种相关的知识经验可以在前期的学习活动中建构，也可以从日常生活中积累。在教学过程中，教学者应把学习者原本已有的知识经验作为基础，有意识地引导学习者借助旧知识习得新知识，切记不能忽略学习者已掌握的知识储备。建构主义教学思想在重视学习者个体发展建构的同时，也承认外部干预力量的引导，即教师的积极作用。

区别于传统教学中教师充当知识的传授者与灌输者的角色，建构主义教学认为教师在个人自我意义建构过程中起帮助和促进的作用。教师工作的重点应该放在激起和长期保持学生的词汇学习兴趣与学习动机上。教师应创设一种良好的学习环境，便于学生独立探究、合作学习。但活动和问题具有多样性，知识不可能绝对普适，也不能直接提供针对所有活动或问题都完美适用的解决方法，而是需要具体问题具体分析，针对实际情况在原有知识基础上进行二次加工与创造。建构主义的教学原则可以概括为以下 28 个字：有效适应、目标相符、任务真实、环境支持、学生自主、鼓励检验、支持反思。

（四）情境认知理论

对于情境认知的有关认识最早来自对于词汇教学的相关研究。研究人员通过将传统词汇教学与人们在日常交际所学习的词汇量和学习效果进行比较，发现真实存在的交际场所对于人们的词汇学习有着无法比拟的优势。通过把词汇推演到一般性知识，情境认知理论赋予知识以工具性，强调运用其工具性在社会实践活动和人类互动中来学习知识，体会人类社会的文化内涵。情境认知理论重视情境在人们的认知和行动中的作用，认为情境不仅为人们提供了认识，更是人们行动的重要基础，强调通过人们和环境的互相协调来完成有意义的学习活动。同时情境认知理论还提出了“合法的边缘参与”这一概念，强调在学习过程中，学生是主动参与者，而不是被动接受者。在情境中的学习过程是由边缘向核心推进的逐渐深入的认识过程。

可以看出，情境认知理论通过重视情境的创设，强调学习者的互动和合作，从而实现一定的教育目标。而情境教学法恰好看到了情境对于认知和行动的作用，将情境教学法应用到词汇教学中就是为了尊重学生的情感体验，让学生置身于与词汇相关的尽量真实的情境活动中，让学生在与环境的相互协调、适应及与同学间的协作中完成有意义的情境任务，从而达到词汇学习的目的。

（五）概念隐喻理论

1．概念隐喻的定义

英国修辞学家理查兹（Richards）在《修辞哲学》一书中指出，我们是怎样使用隐喻以及我们所认定的词义固定的词是怎样发生意义变化的。他指出隐喻表达是两个共现概念之间的互动形式。理查兹指出隐喻是两个域之间的交互作用使得在语境中发生了语义变化，这一观点改变了人们对隐喻仅仅是一种修辞现象的认知。英国语言学家格特力（Goatly）指出人们是通过认知和概念中长期存在的隐喻来理解抽象概念为目标域的。1980 年，美国认知语言学家莱可夫（Lakoff）和约翰逊（Johnson）在《我们赖以生存的隐喻》一书中探讨了语言的本质和隐喻的本质，用大量的英语隐喻例证来证明语言与隐喻认知结构的密切相关性。他们认为无论是在语言上还是在思想和行动中，日常生活中的隐喻无处不在，我们思想和行为所依据的概念系统本身是以隐喻为基础的。人类的思维过程在很大程度上是隐喻性的，人的概念系统中存在隐喻，隐喻能以语言形式表达出来。隐喻不仅是一种语言现象，它更重要的是一种人类的认知现象，是人们通过某一领域的经验说明或理解另一类隐喻的经验的一种认知活动。

隐喻意义是两个语义场之间的语义映射，当所要认识的事物过于抽象时，人们就会主动使用隐喻，将抽象事物具体化，从而更好地理解和传达所谈论事物的特征。确认隐喻有两条标准：一是本体和喻体属于不同的活动，二是只涉及部分特征的运用。

2．概念隐喻的分类

依据隐喻意义形成的过程和方式将隐喻分为三大类：结构隐喻、方位隐喻、本体隐喻。

结构隐喻指的是隐喻中始源概念域的结构可系统地转移到目标概念域中去，使得后者可按照前者的结构来系统地加以理解。例如，Time is money（时间就是金钱）中，有关“金钱”域中的相关概念可以系统地映合到“时间”域中，如“钱”可以被花费、浪费、投入、借用，甚至偷盗等，这些概念也可系统地用于有关“时间”表达的隐喻中，但是不能说 Money is time（金钱就是时间），因为概念隐喻是由已知或具体的概念来认识未知或者抽象的概念。

方位隐喻是指运用诸如上下、内外、前后、远近、深浅、中心、边缘等表达空间的概念来组织另一概念系统。方位隐喻是人们通过自己的经验或者体验来理解另一事物。方位词也常常与动词、名词等搭配获得隐喻意义。这些概念域的掌握有利于学生更容易地理解抽象概念，不再死记硬背单词或短语，使得这些语言表达更加生动和直观。

本体隐喻指的是用关于物体的概念或概念结构来认识和理解我们的经验，如可将抽象的概念喻说成具体的物体，使后者的有关特征映合到前者上去。本体隐喻可分为实体和物质隐喻、容器隐喻和拟人隐喻。例如，在 in danger 中，danger 一词本身是一个抽象概念，用 in 来搭配则相当于把它放在一个容器当中，从而形成容器隐喻。

有些学者还将隐喻分为显性隐喻和隐性隐喻、根隐喻和派生隐喻、以相似性为基础的隐喻和创造相似性的隐喻。显性隐喻就是传统修辞中所讨论的明喻。明喻也属于一种隐喻；作为隐喻，词义转换发生在两个词语之间，首先是一种话语事实，然后才是一种命名现象。从认知功能角度，隐喻被分为“根隐喻”和“派生隐喻”。根隐喻指的是一个作为中心概念的隐喻，如人生是一种旅途（Life is a journey），由旅途联想到人生，如人生的起点或终点、旅途中的车站等则称为派生隐喻。以相似性为基础的隐喻即喻体和话题之间存在着人们已经了解的某种方面的相似性。相似性主客观兼有，并不存在绝对的客观相似，相似性离不开文化传统和信仰传统。所以，喻体和本体之间的意义转移只是部分语义特征的转移。

动词构成的联想与名词有关，如“踢”就会让人想到“脚”。动词与名词的搭配也会改变原来的语义网络，形成新的语义联想。形容词性隐喻是指形容词在句子中用来修饰名词或充当谓语的一部分。介词性隐喻往往是根隐喻的派生形式。

（六）教育目标分类理论

1. 教育目标分类学的缘起和发展

教育目标分类理论由美国教育家布鲁姆（Bloom）等人在波士顿召开的美国心理学会大会的一次正式会议上提出，将认知学习领域的教育目标由低到高分为知识、理解、应用、分析、综合、评价六大层次。知识是对某个具体事物或普遍原理的回忆，而布鲁姆所指的理解也不需要与其他知识或材料相关联，仅仅是对信息的浅层次认识。应用、分析、综合与评价则需要在特定和具体的情境中使用抽象概念，将信息分解为各种组成要素或部分以便进行更深层次的分析，进而将各组成部分整合成为整体以便采用内部或外部准则进行相应的评鉴。由此可知，后四类教育目标与前两类教育目标相比更为复杂，因而需要采用更高水平的思维活动方能实现。

教育目标分类学专家豪恩斯坦（Hauenstein）基于人的完整性在布鲁姆教育目标分类理论的研究基础上，完成了其教育目标分类理论的概念框架建构，主要由输入、过程、输出和反馈组成。在其概念中，“输入”指学习者即将接收的信息或内容，即学习者所要掌握的与某一门学科相关的知识。“过程”为学习者个体在学习过程中的体验，即学习者需要在该过程中将认知、情感、心理动作等教育目标单独完成，也可将三个领域的目标整合成为整体，即行为领域目标。“输出”即学习者所获得的学习结果，提升学习者的知识、文化与能力，使其成为完整的个体是该阶段的主要目的。“反馈”指学习者对学习结果的调控，即学习者需要将预期成就水平与实际成就水平进行对比，从而根据其差异调整自身学习的内容和目标。在豪恩斯坦看来，认知、情感及心理动作领域并非只能独立使用，而是能够进行整合成为一个新的领域，即行为领域。虽然布鲁姆的教育目标分类理论也强调了人的整体性，但豪恩斯坦的教育目标更为突出这一点。豪恩斯坦教学目标分类框架，见表 3–1。

表 3-1　豪恩斯坦教学目标分类框架

层次	领域			
	认知领域	情感领域	动作技能领域	行为领域
第一层次	概念化 认出 定义 概括	接受 觉察 愿意 注意	知觉 感觉 观察 意向	获取 接受 知觉 概念化
第二层次	理解 翻译 解释 推断	反应 默认 遵从 评价	模仿 激活 模仿 协调	同化 反应 理解 模仿
第三层次	应用 澄清 解答	价值评价 认可 更喜爱 确认	整合 统整 标准化	适应 价值评价 应用 整合

续表

层次	领域			
	认知领域	情感领域	动作技能领域	行为领域
第四层次	评价 分析 描述	信奉 相信 承诺	外化 保持 调适	表现 信奉 评价 外化
第五层次	综合 假设 解决	展露个性 展示 调适	熟练 创始 完善化	达成 展露个性 综合 熟练

美国学者马扎诺（Marzano）在《教育目标的新分类学》一书中认为，教育目标可分为信息提取过程、理解过程、分析过程、知识应用过程、元认知过程和自我系统过程六个新层次。从马扎诺的教育目标分类理论来看，知识的学习应与学习者高级思维的培养相联系，通过前者对信息的提取，对知识的理解、分析与运用，进而使学习者能够对某项知识的学习进行计划与监控，从而能够提高学习者对学习某项知识的重要性和效能的认识以及对其产生积极的情绪反应。

2. 教育目标分类学对词汇教学设计和实施的作用

词汇学习过程本身需要经历感知、记忆、理解、应用等心理过程，因此，词汇学习也需要经历一般知识学习的心理程序。学习者在词汇学习的过程中不仅应掌握单个词的音、形、义，而且应该能够将词应用于具体情境之中，对词汇的构成、上下义关系、近反义词、引申义、搭配词等皆有所掌握，从而构建完善的词汇网络。此外，词汇对于学习者听、说、读、写四项能力提高的重要性已被多数研究者及英语教师所承认，但传统的教学中词汇学习方式过于单一，学习者未能对词汇学习进行有效的计划与监控，单词机械记忆所导致的低效结果也使学习者未能从中获得积极的情绪体验，从而降低其自我效能感和词汇学习动机。总而言之，教育目标分类理论强调学习者元认知及认知系统的发展水平与其词汇习得效果间具有紧密联系，从而能够为探究该教学策略对初中英语学习者词汇习得效果及其词汇学习意识影响提供理论层面的支持。

深度学习理论与教育目标分类理论的内在联系已被学者所证实。部分学者基于布鲁姆在认知领域的教育目标分类理论，从认知层面将深度学习分为运用、分析、综合与评价四个层级。冯嘉慧在《深度学习的内涵与策略——访俄亥俄州立大学包雷教授》一文中指出布鲁姆在其著作中对学习者能力的分层是在对浅层学习与深度学习进行区分，重视深度思维和能力是深度学习的特征。该学者指出布鲁姆的认知分类与深度学习存在紧密联系，可以相互对应。何克抗在《深度学习：网络时代学习方式的变革》一文中基于布鲁姆的教育目标分类理论对深度学习的内涵及实质做了深入探究。郑东辉在《深度学习分层的教育目标分类学考察》一文中深入分析了布鲁姆、豪恩斯坦以及马扎诺等学者的教育目标分类理论，并对各理论所包含的深度学习目标进行明确区分，从深度学习的内涵及认知角度探讨了其对于课堂评价的重要性。由此可见，教育目标分类理论为深度学习的目标分层问题提供实际支持，从而为词汇教学策略的设计提供理论上的支撑。因此，以上理论对研究者准确掌握初中英语词汇教学策略的认知机制，从而精确地界定核心概念及解释试验研究结果具有重要作用。

第二节　初中英语词汇教学设计

一、初中英语词汇教学设计原则

初中英语词汇教学设计的原则主要包括：系统性原则、语境化原则、及时强化原则、交际性原则。

（一）系统性原则

初中英语词汇教学设计是一个多视角、复杂且漫长的过程。因此，英语词汇教学设计应遵循系统性原则。一方面，教师在英语教学过程中应将词汇教学贯穿始终，结合初中生的身心发展客观规律，指导学生掌握英语词汇的构成、构词法、固定搭配、读音与拼写之间的规律等。随着学生认知能力的提升，逐渐加大难度。另一方面，词汇本身就是一个庞大的系统，词汇内部组成成分之间有必然的联系，这种联系同样影响词汇教学。因此，使这种影响为自己服务，构建词汇系统同样是英语词汇教学的任务。总之，教师要让学生系统地对词汇知识进行学习，最终实现学生综合语言运用能力的提升。

（二）语境化原则

初中英语词汇教学设计要结合合理的语境，语境中所使用的语言具有一定的语法结构，这种语法结构可以使词与词紧密联系在一起。学习者在语境中学习词汇，可以通过教师的讲解和自己的感知与推测来准确理解词汇，并能够得体地运用。此外，词的许多语音特征、词形变化规律等只有在具体情境中才能综合体现。因此，初中英语词汇教学应将词汇放在语境中或现实生活环境中进行讲解。教师结合生活实际，精心设计主题语境，突出词在具体语境中的含义和用法，提高学习者对新词的识记能力和综合运用能力。

（三）及时强化原则

针对学生对于词汇记忆困难的现状，初中英语词汇教学设计应采取及时强化的原则。学习者对一个单词进行多次记忆，不停地被矫正才能长久记忆。因此，英语词汇教学应该周期性、有计划地进行复习巩固。当然，复习的方式应该是多种多样的，如归类复习、同义词反义词复习、单词游戏竞赛等。通过这些方式增加学习者学习英语词汇的兴趣和信心，避免词汇课堂的枯燥乏味，从而提高学生的学习效率。

（四）交际性原则

灵活运用词汇在恰当的场合进行交际是学习语言的终极目标，也是学习、练习语言的一种形式。在英语词汇教学设计中，学生能够在交际中巩固和运用自己所学的词汇，并在以后类似的真实情境中能够合理使用词汇。因此，教师在英语词汇教学设计的过程中应尽可能地为学生提供较多的真实交际机会，使学生在真实交际过程中深刻掌握词汇的真正含义，从而更好地掌握这门语言。

二、初中英语词汇教学设计方法

（一）全身反应法

全身反应法由美国圣荷西州立大学心理学家詹姆斯·阿瑟（James Asher）在 20 世纪 60 年代首次提出，他通过观察美国移民儿童学习第二语言过程后分析总结，大部分学生快速学习第二语言的前提是先理解输入，后输出，并且模仿说话的动作，将语言与动作相结合，强调语言学习行为的协调。教师主要通过身体动作教授第二语言，对学生使用目标语的指令，学生用全身动作进行回应。父母和孩子之间的互动常常是父母先说话，然后孩子做出身体上的反应。他根据自己的长期观察，提出了三个假设：第一，语言主要是通过听来学习的；第二，语言学习必须使用大脑的右半球；第三，学习语言不应该有压力。全身反应法根据大脑两半球的不同功能，右脑是形象思维，左脑是逻辑思维，强调要在形象思维的基础上进行逻辑思维的发展。因此，它强调要在真实的情境里进行教学。阿瑟在此理论的基础上提出假设：儿童是在右脑中完成对语言的理解。儿童在观察父母的行为后理解语言的意义，在这个过程中，左脑没有发挥表达功能，但是在长时间的观察后，左脑开始慢慢感知处理右脑传输的形象思维信息，理解记忆语言知识，当学生对语言理解之后，学生就准备开始表达口语了。与之相反，如果首先进入左脑，学生还没有理解语言之前就让其输出表达，学生在还没有准备好的情况下，就开始强行说话，就会导致学生的记忆力下降、自信心减弱，学习会变得枯燥乏味，所以，要在形象思维的基础上进行抽象思维的发展。

全身反应教学法在人本主义心理学的基础上，根据学生的心理发展规律，通过肢体语言展示外语知识，先让学生对语言有了初步的理解，再去运用语言，有助于培养学生的学习自信心。根据学语言本身的规律，从学生学语言的角度来看，首先是要学习听的能力，然后在这个基础上，逐步发展成说的能力，再发展成读和写的能力。全身反应法强调首先培养学生的听力输入，再要求口语输出，学生通过教师的身体语言加强理解，教学强调学习内容而不是形式，创造轻松的学习氛围，符合学生的心理特点，不断更新教学方法，创设不同类型的课堂活动，有效抓取学生的注意力。

（二）支架教学法

1. 支架教学法的定义

支架教学法源自瑞士著名心理学家让·皮亚杰提出的建构主义学习理论，以及苏联心理学家维果斯基的最近发展区理论。最初，“支架”一词是指建筑业中使用的一种脚手架，以方便在距离地面较高的地方工作。在教育领域“脚手架”被用来比喻最近发展区中的有效师生互动，在这个过程中，学生成为学习的主体，而教师在帮助学生构建自己的知识这一重要过程中只起辅助作用。

欧洲远程与数字化学习协会（EDEN）将“支架”定义为一种新的教育策略，为学习者提供一个概念框架来建立他们对知识的理解，并帮助他们组织他们所学的知识。用“支架”作为隐喻，用来指教师对学生学习的支持与帮助，以及锻炼并发展学生自学的能力。虽然支架辅助教学还没有统一的概念，但内容基本上是相似的，只是具体的表达不同。

综上所述，我们可以将支架教学法理解为以学生为主体，以学生的现有水平为基础，以跨越学生的最近发展区为目标，以教师适时的帮助为支架的一种有效的词汇教学方法。

2. 支架教学法的内涵

支架教学法以学生为中心，为学生创设一定的问题情境，为学生的学习主题提供概念框架，并根据概念框架引导学生自主探索和合作交流。这是一种教师在需要时提供适当的帮助和支持，并随着学生能力的增长逐步收起支架，最终完成对知识自主建构的现代教育方法。如果把学生内化知识的过程比作攀爬梯子，那么学生现在所处的楼层就是已有的水平，想抵达的楼层可以比作学习目标。楼梯扶手是教师提供的概念性框架，使学生能够自主建构，而楼梯是教师灵活搭建的脚手架。

3. 支架教学法的环节

北京师范大学教授、东北师范大学荣誉教授、博士生导师何克抗在 1997 年将支架式教学的教学步骤划分为五步。教师首先要做的第一步是搭建合适支架，所谓“合适”，是指教师应以学生的当前学习主题为重点，基于学生的最近发展区安排支架。第二步是教师要巧妙地引导学生进入相关问题情境中去，这个情境便是教师刚搭建的支架中的某个节点。第三步让学生独立探索。学生独立探索开始时应该有教师的正确引导，然后让学生独立分析；另外，在探索过程中，教师要适时地给予恰当提示，帮助学生理解较难的知识。教师在实施过程中要注意，最开始由于学生刚进入状态且新知识较多，教师的帮助也可以更多、更具体，后期学生思维打开又经过教师的逐步引导等，帮助便可逐渐减少；当学习者在没有教师指导的情况下继续独自攀登梯子时，意味着圆满完成本环节目标。第四步是协作学习，如在小组中学生互相协商和讨论，讨论的结果可能符合学习者独立探索得出的结论，也可能存在出入，然而，一个有许多相互冲突的意见和不同态度的复杂情况，可以通过谈话逐渐澄清和统一。分享集体思考的结果，为更全面、更正确地理解所研究的概念，即为最终构建所学知识的意义提供了基础。第五步是对学习成果的评估，包括学生个人的自我评估和学习团体对个人学习的评估。评估的内容：①独立学习的能力；②对小组集体学习的贡献；③是否完成了对所学知识的意义构建。

（三）情境教学法

1. 情境教学法的特征

情境教学法指导下的初中英语词汇教学设计相较于传统的初中英语词汇教学设计，克服了教学方式僵化、教学效率低下、学生积极性不高等弊端。在结合初中英语词汇学习内容和初中学生身心特点的基础上，将情境教学法应用于初中英语词汇教学设计主要体现出以下四点特征。

（1）生动性

王灿明在《情境：意涵、特征与建构——李吉林的情境观探析》一文中指出，当代教育存在课本内容抽象化与学生认知具象化的冲突。传统的词汇教学按照词汇表进行讲解，进行机械的词汇练习，显然不能有效化解这一冲突。而情境教学法倡导一种人为优化的情境，在其指导下的初中英语词汇教学设计强调从学生已有的经验出发，将抽象的词汇知识通过具象化的方式表现出来，通过各种生动的表现形式有效化解这一冲突。在初中英语词汇教学设计中，英语教师通过图片、视频等多种形式来积极创设与学生相关的生活情境，并通过丰富的语言进行描绘，以各种形式带领学生想象、模拟，在词汇教学中创设一幅幅生动的情境图景，能够帮助学生在生动的情境中领会并学习词汇知识，并以生动的活动形式加以运用，进行有效的词汇知识的迁移应用。

（2）互动性

建构主义认为，知识寓于情境之中，学习情境不是学习过程中的一个无关因素，学生只有通过具体的情境才能获得知识。因而教师不仅应该传授知识，更应该创造情境，促进学生在情境中建构知识、积极学习。在传统的初中英语词汇教学课堂上，教师常常占主导地位，而学生对于词汇知识的学习则处于一种消极、被动的接受状态。而情境教学法下的初中英语词汇教学设计则试图改变这一现状，情境教学法注重在词汇教学中师生间、生生间的有效互动，通过情境的构建，为学生创设真实的语言环境，同时鼓励学生通过词汇背景知识自主创设情境，帮助学生在英语课堂大胆交流，通过与教师、同学间的互动来达到词汇学习的目的。

（3）活动性

《普通高中英语课程标准（2017年版2020年修订）》明确了在英语课堂中“活动”既是学生学习的基本形式，也是教师教学的基本组织形式。而反观初中英语词汇教学课堂，部分教师因为时间和教学进度的限制，在词汇教学中往往倾向于采取抄写、背诵等机械枯燥的活动形式。这样的活动形式无疑脱离了词汇的情境，难以帮助学生对词汇进行有效的内化吸收和积极的产出。而情境教学法下的初中英语词汇教学设计在认真分析教材内容的基础上，从各个单元的主题语境出发，通过情境的创设为学生构建契合主题、贴近生活的词汇学习活动。在词汇学习活动中，学生不仅能够掌握词汇本身所具有的语音、语义等语言知识，还能通过在活动中模拟生活实践，锻炼自身的交际能力，同时领悟词汇知识背后的文化内涵。

（4）联动性

情境教学法指导下的初中英语词汇教学设计具有联动性，这种联动性指的是词汇课堂与学生生活的联系与互动，体现出情境教学法对学生体验的重视。情境教学法指导下的初中英语词汇教学课堂上，与学生生活相关的每一个场景都成为一种教学媒介，这些情境的创设成为学生认识词汇的窗口。通过课堂上实物情境、虚拟情境、想象情境等多种情境的创设，学生在词汇课堂上能够用眼看、用嘴说、用耳听，用心体验词汇知识在自身生活情境中的妙用，将自身生活与词汇课堂联系起来，在自身体验与词汇学习的互动中不断获得新的认识，从自身生活走向词汇课堂，又从词汇课堂走向真实的社会生活。

2. 情境教学法的情境类型

（1）实物情境

实物情境是通过展现一些与学生生活相关的实物或者用语言对实物进行语言描绘的一种情境。在初中英语词汇课堂教学中，教师常常可以运用挂图或者图片、视频、音频等多媒体技术来展现一些与目标词汇相关的情境，这种情境常常能引起学生视觉、听觉、触觉等方面的共鸣，有利于加深学生对于目标词汇的感受，留下深刻的印象。

（2）虚拟情境

虚拟情境是通过在课堂上创设一些游戏或者比赛，或者通过图画的再现、音乐的渲染，或者通过一些网络手段或具体的语言对情境进行描绘，在一定程度上对生活中的情境进行还原和再现的虚拟情境。在实际教学中，教师积极构建虚拟情境，可以通过对与目标词汇相关的现实情境的模仿来突出关键点，同样可以引起学生词汇学习的注意和好奇心，引起学生词汇学习的积极变化。

（3）想象情境

想象情境是教师在课堂上运用语言、多媒体展示等多种手段，激发学生词汇的想象力，唤醒学生已有的经验，促使学生在大脑中构建一种想象的情境。在初中英语词汇教学设计中，通过帮助学生想象一定的生活情境，不仅有利于帮助学生构建词汇与已有知识的联系，还能锻炼学生的想象力与思维能力。

（4）语表情境

语表情境是教师或学生进行口头上的语言表达所描绘出的情境，是教师或学生通过丰富形象的语言以及语音语调的高低、语速的快慢所表现出来的一种情境。在初中英语词汇教学设计中，教师常常用语言对词汇所构建出的场景加以说明，学生也常常通过在构建情境中的相互沟通交流来进行词汇的操练。

(5) 推理情境

推理情境是通过语言或者角色表演等方式来展示一定的情境，让学生在现有情境的基础上通过一系列的分析、判断和推理过程而创设出来的情境。推理情境有助于提高学生思维的逻辑能力、综合分析以及推理能力。在初中英语词汇教学设计中创设推理情境有助于学生更加全面深刻地认识词汇及其在相关的情境中的特定意义。

（四）产出导向法

1. 产出导向法的内涵

北京外国语大学的文秋芳在“输出驱动假设”理论中认为，相比于“输入驱动”，“输出驱动”对于外语学习者学习能力的培养具有更显著的作用。在当时“以学生为中心”的教育理念背景下，该理论在 2014 年被扩展为“输出驱动—输入促成假设”。此后，诸多学者将“输出驱动假设”和“输出驱动—输入促成假设”应用于教学实践并取得了显著的成效，产出导向法的理论体系和实践逻辑也日益趋于完善。从具体内容来看，产出导向法分为三部分：第一，教学理念；第二，教学假设；第三，以教师为中介的教学流程。其中，教学理念的内容包括“学习中心说”“学用一体说”和“全人教育说”，是教学假设和教学流程的指导思想。教学假设内容包括“输出驱动假设”、“输入促成假设”以及“选择性学习假设”，这三个假设是产出导向法教学流程的理论依据。此外，产出导向法的教学流程主要由“驱动”“促成”“评价”三个环节组成。

2. 产出导向法的教学理念

(1) 学习中心说

“学习中心说”有别于“学生中心说”。“学生中心说”发端于 20 世纪 80 年代，该学说源于教学界王策三教授的“教师主导、学生主体”原则（“双主”原则）。学校是“教”与“学”的主要区域，学校教育是教育的核心。因此，“教师主导”“学生主体”是学校教育的两大主体。相比于“学生中心说”，“学习中心说”主张教学目标的明确性，推动高效学习行为的发生。例如，课堂活动有教师讲课、小组讨论、亲子活动、个体和小组展示等，而不同的活动服务于不同的教学目标，但对于教师而言，要具体问题具体分析，选择适宜的课堂活动以促进高效学习行为的发生。“学习中心说”强调学习到具体知识对于学生的重要性，教师应该利用好有限的时间提高学生的学习效率。

（2）学用一体说

“学”指的是输入性学习；“用”指的是运用、使用和实践。语言教学应该在学中用，在用中学，学以致用、用以促学、学用结合。“学用一体说”强调“学”与“用”是一个整体，不可分割。其主张在实际的课堂教学中将教学与应用有机结合。学生在学习过程中不仅要学好课本内容，而且要灵活地将课本中出现的场景转化为一种资源和交流的手段。“学用一体说”倡导无论学生水平高低、词汇量大小，学生都应该积极地将所学知识运用于具体生活实践中去，这必然会给学生的发展带来益处。

（3）全人教育说

教育的对象是人，这里的“人”是指具有个性、思想和情感的人，是独特完整的人，而并非任人摆布的机器人。外语课程不仅仅是为了工具性服务，更为了培养外语学习者的人文主义精神，这也是人文性的体现。

可以用以下三种方法培养学生的人文性：第一，遴选出和产出任务相关的材料进行学习，可以是与世界观、人生观和价值观相关的材料，也可以是传播中华优秀文化或者吸纳世界文化的相关材料。第二，精心摘选出为产出活动服务的输入性材料。提升教师思想境界、弘扬正能量会反作用于学生，学生通过研读政治热点话题的材料，有利于拓宽视野、提升认知水平。第三，灵活设计教学组织形式。教师可以基于不同产出活动的需要对学生进行不同的分组。

3. 产出导向法的教学假设

（1）输出驱动假设

输出驱动假设强调输出的重要性，它不仅是外语学习的内生驱动力，也是外语学习的目标。语言产出的目的是锻炼学生的语言表达能力，以此激发学生的兴趣和产出欲望。在产出的过程中，学生可以发现自己的不足之处，并在后续的产出活动中弥补自身的不足。美国语言教育家斯蒂芬·克拉申（Stephen Krashen）认为“输入”是外语习得的决定条件，但却忽略了“输出”在外语学习当中的重要驱动作用；加拿大语言学家斯万（Swain）所提出的“输出假设”同时提到了“输入”和“输出”的重要性，然而在假设中并未提及应根据不同学习阶段所需采取不同的驱动输入方法。美国马里兰大学第二语言习得（SLA）的学者朗（Long）指出的“互动假设”强调可理解性输入，并在后续研究中增加了互动过程中的纠正性反馈，这对于学习者而言可以学到正确的语言形式，然而在他的假设中并未提及输出对输入的反作用。

（2）输入促成假设

“输入促成假设”是指，在输出驱动假设的基础上，能够恰当合理地为学生提供输入的材料。相比于完全不提供输入材料，合理适当地提供输入材料会产生更好的效果。例如，在初中英语词汇课堂中，学生围绕教师提供的一个话题进行头脑风暴，学生之间进行大胆猜想和广泛讨论。在集思广益的基础之上，教师再提供一些合理的输入性材料，最后让学生进行产出任务的练习。那么，这些输入性材料会对进行深入思考的学生产生“醍醐灌顶”的作用。这种方式的好处是学生在知识建构中可以取长补短，互相进步。这样的方式也可以唤醒学生的已有知识，激活学生开启下一阶段学习的热情。同时，这些材料也可以有效拓展学生现有的知识与语言体系，将产出水平推向一个新高度。

（3）选择性学习假设

“选择性学习”指的是在所给的大量的输入材料中选择有价值的进行深度加工、练习和记忆。在选择性学习的基础上，有自主学习能力的学生去选择相应的材料进行学习和深加工。相较于非选择性学习，选择性学习更加优化了学习的效果。

一个好的学习者应该有甄别重要学习信息的能力，“全部通吃”的学习方式，不仅耗时，而且效果有限。再者，每个人获取信息的精力是有限的，应优化配置自己的精力和时间，最高效地获取有价值的信息。传统的“精读”与之相比，只是在“量”的方面占有优势，而在实际情况中，学生应该在量的基础上去选择有“质”的材料，去甄别不同的语言材料，获取自己需要的信息。选择性的假设也应该具有真实性。在产出任务中会提取出大量的有用信息，并以此来撰写报告、书信等。

（五）自然拼读法

1. 自然拼读法的定义

关于自然拼读法的界定出现于 20 世纪 70 年代，美国学者皮尔逊（Pearson）和约翰逊（Johnson）认为自然拼读法是引导学生将字母和读音联系起来并教会学生认读生词的词汇学习方法。

21 世纪，自然拼读法开始引起我国很多学者的注意。高敏在《自然拼读法在小学英语教学中的应用》一文中认为自然拼读法是将词汇读音和拼写结合起来，进而提高学生词汇记忆的效率的方法。教师可以利用语音和形态学的正迁移的作用提高学生的词汇拼读能力。孙晓宁在《自然拼读法在初二英语词汇拼读拼写教学中的应用研究》一文中认为自然拼读法可以帮助学生通过学习字母或字母组合的发音规律拼读拼写陌生的词汇。余爽在《自然拼读法在中职英语词汇教学中的应用研究》一文中认为自然拼读法是通过让学生学习单词中字母和发音之间的关系，进行单词解码的一种教学方法。

综上所述，自然拼读法是将词汇形态学与语音学相结合的一种有效方法。自然拼读法通过研究词汇发音与形态之间的规律，构建词汇形态模块，并通过不断重复将词汇形态模块输入学生的头脑之中。这种模块构建以及音形结合与迁移训练将有效提升学生的词汇拼读和拼写能力。

2. 自然拼读法的主要内容

自然拼读法是将词汇形态学与语音学相结合，提高学生词汇学习能力的一种有效方法。自然拼读法的教学内容不仅仅包括语音学知识，也将渗透形态学知识。自然拼读法学习是一个循序渐进的过程，首先学习字母发音，然后学习字母组合的发音，接着学习单词的发音，最后总结形态与发音的规律，通过不断内化以及循序渐进的知识模块学习，达到熟练运用词汇的程度。

在新课标指导下，根据初中学生已有的认知经验和学习特点，将自然拼读法教学划分为两个阶段，第一个阶段属于单词的语音学习阶段，包括 26 个字母基本读音的学习，国际音标的学习（元音音素和辅音音素）、音节划分规律和重音的学习；第二个阶段属于单词的形态学习阶段，包括词根词缀的学习、拼读规律以及元音字母组合和辅音字母组合的拼读规则。在这个阶段，结合初中英语课本，以课本中规定的单词作为自然拼读法教学的练习，以达到学以致用的目的。

根据学生的认知特点和循序渐进的教学原则，将这两个阶段又划分为 4 个具体的教学步骤：第一个阶段可以分为两个教学步骤，首先引导学生学习 26 个字母以及国际音标的发音规律；其次引导学生学习重音以及音节划分的规律。初中生已经可以熟练掌握字母的发音规律、部分音节划分规律以及部分国际音标的发音，因此，第二个阶段的重点是带领学生学习部分复杂辅音字母的发音规律和重音学习规律。第二个阶段也可以划分为两个教学步骤，首先学习元音字母组合、辅音字母组合的拼读规则和拼读规律，其次是词根词缀的学习。

(1) 26 个字母的基本读音和国际音标的学习

学生学习自然拼读的第一步，就是知道 26 个英文字母的发音。初中生已经可以很好地掌握英语单词的发音规律，因此在实际教学中只需带领学生简单回顾英文字母的发音规律，教学重点是帮助学生掌握元音音素和辅音音素。

（2）音节划分规律和重音的学习

音节划分对学习自然拼读法有着重要的作用，学生只有学会音节划分才可以很好地拼读单词。大部分初中学生已经学过音节划分规律，因此在教学中应该以音节划分的练习为主，以学生所学过的单词作为练习，进而帮助学生掌握划分规律。英语自然拼读规则主要是针对重读音节的，大部分双音节动词都符合第二个音节重读倾向，而 60% 的非动词双音节词符合第一个音节重读倾向。三个音节以上的单词，一般倒数第三个音节重读。音节划分规律和音节的重读规律的学习可以帮助学生快速准确地拼读单词。

（3）字母组合与拼读规则的学习

自然拼读法的字母组合包括元音字母组合、辅音字母组合以及部分元音和辅音字母的组合，其中元音字母的发音规则最复杂，如元音字母 a 与其他字母结合可以构成七种字母组合。而自然拼读法的拼读规则比较简单，为“辅音 + 元音 + 辅音”。自然拼读法通过研究词汇发音和形态之间的关系，构建含有相同字母组合的词汇模块，引导学生通过词汇模块掌握拼读规则，进而达到拼读拼写生词的效果。

（4）词根词缀的学习

自然拼读法的学习也包含词根词缀的学习，前缀通常是会改变意思但不改变词性，而后缀通常会改变词性但不改变词的意思。自然拼读法中的含有词缀的单词是根据逆序的方法排列的，如 ecology，geology，biology 和 zoology 这组单词就拥有相同的词缀，-ology 表示“……学科”，属于名词后缀。掌握了 -ology 意义，就可以很容易地拼读拼写含有这个词缀的一组单词。自然拼读法将相同词缀的单词排列起来，建构出词汇模块，一方面读起来朗朗上口使记单词的过程趣味盎然，且学生可以通过直观比对音形对应的单词，掌握一个语音规则后便可牢牢掌握具有该读音规则的其他任何单词的拼写；另一方面自然拼读法将拥有相同字母组合的单词紧紧排列，学生很容易发现它们的相似性，拥有同一后缀的单词排列在一起，这也意味着具有共同词义、共同词性的单词排在了一起，有助于学生模块化记忆单词。

总而言之，整个自然拼读法的语音和形态学内容教授过程中都与英语课本相联系，采取归纳法引导学生掌握自然拼读法规则。在拼读单词时，一方面，要遵循循序渐进的原则，拼读练习从单音节词过渡到多音节词。学习多音节词时，首先引导学生划分音节，其次分部分拼读单词，最后将单词连接起来。另一方面，教师要为学生输入词根词缀的知识，帮助学生拼读复杂字母组合和复杂单词。

第三节　核心素养下初中英语词汇教学策略

一、加强思维导图的应用

（一）思维导图的概念及特征

思维导图是一种借助关键词和图像存储信息、组织信息、优化信息的方法。思维导图中的每一个关键词和图像都会激活相关具体信息的回忆以及新的观点和想法，所以非常有助于释放大脑的潜能，其有效性源于对大脑形状和构造的模拟。思维导图运用图文并重的技巧，把各级主题的关系用相互隶属与相关的层级图表现出来，并通过不同的颜色、不同的图像和不同的线条对分支进行标注，充分实现思维可视化。

思维导图是组织和表征发散思维的一种图形技术，最初是由 20 世纪 60 年代的英国教育学家托尼·巴赞（Tony Buzan）创造的一种笔记方法。托尼·巴赞认为思维导图是人类思维自然功能的图形显示，他把思维导图的基本特征概括如下：在思维导图的应用中，思维导图在表现形式上是树状结构的。主题的焦点清晰地集中在中央图形上，主干作为主题的分支从中央向四周放射，分支由一个关键的图形或者写在产生联想线条上面的关键词构成，比较不重要的话题也以分支形式表现出来，附在较高层次的分支上，各分支形成一个连接的节点结构。绘制思维导图的过程就是将人类的思维可视化，对信息进行组织，对知识进行表征的过程。思维导图可以帮助学者对知识加深理解和记忆，可以将头脑中凌乱的知识相互联系，使记忆有条理，并且更加牢固。

（二）基于思维导图的英语词汇记忆方法

1. 同类集中法

同类集中法是指在初中英语词汇教学中把同一类别的词汇集中放在一起记忆。这里的“同一类别”指的是词汇具有相同特征或功能。这类词汇有一个“与中心词是从属关系”的共同特征。如 red，purple，yellow，orange，green，blue 等都属于颜色。学生在使用同类集中法进行英语词汇记忆过程中，首先可以把中心词记住，接下来可以运用联想的方法把这一类别的词汇掌握。这样一来可以节省学生记忆词汇的时间，二来还可以降低记忆的成本，起到一箭双雕的作用。教师在词汇教学过程中，需要不断地去引导和鼓励学生提取中心词，然后通过拓展和发散已学词汇引出新词汇，一步一步将思维导图完善。

2. 思维发散法

思维发散法的关键在于联想，通过中心词联想到与其相关联的词汇。此处的关联词可以是时间上、空间上、意义上的，也可以是具体的或者抽象的，没有具体的要求。甚至每一个分支与中心词所表示的意义都有所不同。例如，当学生看到一个碗时，就能对碗产生联想，并想出 triangle，square,rice，chopsticks，Round，table 等词汇。学生可以由单词 tree 想到颜色 green，yellow，树可以制成 desk，chair，paper，树是由 farmer 所种植的，等等。这样的思维导图使学生的思维不受限制，给予学生足够的自由并任其发生联想，学生热情高涨，充分激发学生对英语词汇学习的积极性。然而，思维发散法也有它自身的缺点。在各分支之间没有形成统一的规则，因此逻辑性不是很强，学生记忆词汇的效果不是很理想。

3. “联想 + 构词”记忆法

“联想 + 构词”记忆法可以通过词根进行词汇记忆，学生在记忆英语词汇时，通过词根记忆法，将相关词汇全部进行记忆，如词根“-create（创造）”，加上名词后缀 -ivity 变成名词 creativity（创造性），加上形容词后缀 -ive 变成形容词 creative（有创造力的）。这一类词汇不仅词形很相似，它们之间的意义也存在关联性。这一类词汇同时记忆有助于学生记住各个单词的意思。有些英语词汇是由两个或两个以上单词组合而成的，如 basket（篮子）+ball（球）=basketball（篮球）；还有些英语词汇有双重词性，如 work（v. 工作，运转）/（n. 工作，作品）；有些英语词汇是通过加前缀或者后缀进行变形，比如 happy-unhappy，like-dislike 等。教师在英语词汇教学中，应引导学生有意识地观察和掌握构词规律，通过不断的训练和实践产生熟能生巧的效果。

研究表明，将以上三种英语词汇记忆法运用于思维导图词汇教学中，在提高学生词汇记忆速度、增加学生英语词汇量方面有很明显的优势。与此同时，在运用以上英语词汇记忆法的过程中也存在一定的缺陷。比如在使用词根联想法时，很容易对中心词产生没有边界的联想，脱离学生的实际学习能力，因此拓展出了许多超纲词汇和学生比较难以接受的词汇，无意中给学生增添了词汇学习负担，反而不利于学生学习英语词汇兴趣的提高；思维发散法在运用的过程中，各节点之间的关联没有得到统一，基于同一中心词绘制出的思维导图很有可能出现偏差，学生学习词汇的效果大打折扣；以上词汇记忆法对实际词汇记忆效果并不能进行检测，随着时间的推移，教师无法判断当下记住的词汇是否能被学生最终掌握。

（三）基于思维导图的初中英语词汇教学模式

在英语核心素养的指导下，教师在实际教学过程中会根据每堂课中不同的教学内容和对教学的具体要求运用适当的教学方式和教学媒体开展教学，从而形成不同的教学模式。结合学生的实际水平，将思维导图应用于三种英语词汇教学模式当中。以下是对三种不同教学模式的具体阐释。

1. 师生合作思维导图教学模式

师生合作思维导图教学模式是指教师在教学过程中耐心引导学生思考出本堂课的中心主题，通过对中心主题的拓展，对总结出的中心词经过头脑风暴进行词汇拓展。比如，在教学过程中，教师和学生不难发现某些表示职业的词汇有一个共同点，即都是以“er/or/ar”结尾，从而教师可以带领学生对含有此类后缀的词汇进行归纳和总结，引导学生进行发散思维和词汇拓展。同时教师还可以提醒学生虽然有一些词汇以“or/er/ar”结尾，但是并不表示职业的词汇。

在师生合作思维导图教学模式中，教师在教学过程中的第一件事情就是带领学生总结出本堂课的中心主题，并依据中心主题导出中心词，将中心词绘制在思维导图的正中央。接下来，将教师与学生共同讨论出的每个话题中的中心词绘制在思维导图的分支上。讨论结束后，学生可以结合教师所授词汇和学生已学词汇继续绘制下一分支，不断地对思维导图进行完善。在这一过程中，始终坚持以“学生为主体，教师为主导”的教学原则。在学生进行思维导图绘制过程中，教师可以对学生绘制的作品进行适当的点评，在教师的帮助之下，学生能够结合教师的建议绘制出比较完美的词汇思维导图。

这种教学模式有利于教师主导教学进程。教师可以全面掌握学生的绘制过程，并结合自身的实际教学经验对词汇学习过程中的难点、易错点、考点进行说明和强调，并将这些点体现在思维导图中，便于学生理解，提高学生的词汇学习效率。将难点、易错点、考点进行强化，以便学生引起足够的重视。师生合作思维导图教学模式主要以师生合作为主，在绘制思维导图的过程中有教师对学生进行引导。相比之下，学生学习起来会比较轻松，也更容易培养学生的词汇素养。

2. 小组思维导图教学模式

小组思维导图教学模式主要用于课堂上小组成员共同合作绘制思维导图。此种教学模式使用的前提条件是学生对思维导图进行了一段时间的学习和实践之后，学生对思维导图的绘制方法有了一个全面的了解。教师将具体的任务分配给小组成员，学生根据教师的具体要求进行绘制。

在此教学模式中，教师先对学生进行分组，各组成员根据教师所给的任务和中心词进行讨论与合作，共同绘制出小组思维导图。随后，教师依次对完成任务的小组进行指导和点评。通过投票的方式评选出最佳思维导图小组。在小组共同完成思维导图绘制之后，每个成员还须自己完成一份。小组成员之间进行讨论采取投票的方式选取本组最佳个人思维导图，并以此为模板，通过小组成员集思广益，最终将各成员的作品总结归纳形成一幅最完善的小组思维导图。由于此教学模式适用于新授课，在新授课中学生所接触的大部分是新词汇，需要耗费大量时间对新词汇进行认知。学生在绘制思维导图的过程中，教师可以在旁边对学生进行及时的引导和鼓励，充分体现了“学生主体，教师主导”的新型教学观，有利于培养学生的主观能动性和创造性。

3. 学生个人思维导图教学模式

学生个人思维导图教学模式主要适用于已充分掌握思维导图绘制技巧的学生，一般将其使用在复习课当中。学生对新词学习之后需要及时地进行复习和巩固。此教学模式对学生总结和归纳所学词汇起到了很好的监督作用。教师将任务和要求告知学生，学生利用课余时间对思维导图进行绘制。学生在绘制过程中，一方面可以对学习过的词汇进行归纳梳理内化到思维导图上，另一方面，也可以参考教材、教辅、词典等相关资料，逐步在已有词汇的基础上将英语词汇思维导图向下一分支进行拓展延伸，最终形成一幅比较完善的词汇思维导图。对于学生所完成的作品，在下一节课中师生共同进行探讨。

以上三种不同的思维导图教学模式适用于不同的课堂类型，教师需要针对不同的课型来设计思维导图，并且与学生对思维导图的掌握程度也有关系。在进行英语词汇教学之前，教师必须对学生和教学内容要有充分的了解，才能够设计出符合学生学情的思维导图，才能有助于学生学习词汇兴趣的提高，从而提高学生词汇的记忆能力。

二、加强形成性评价的应用

在英语核心素养的指导下，英语词汇的学习在英语教学中占有举足轻重的地位，只有掌握了词汇的基本知识，才能在以后的英语教学中继续学习。词汇学习是一个日积月累的过程，在初中英语词汇教学中，形成性评价的应用形式主要有学生自评、小组互评、教师评价。

（一）学生自评

通过自我测验，能有效激发学生的自信与成就感，提升自我价值，培养核心素养。这就要求学生在英语词汇教学中树立自己的学习目的，并对其进行持续的监控，逐渐增强其自主性，培养其学习习惯和学习兴趣。在学生自评中，教师要注重对学生进行道德教育，并运用实际的学生自评，使其对自己的学习进行反思，使学生的学习策略更加完善、学习目标更加清晰。

此外，教师也不能完全放开，应以学生自评为主，以教师评价为辅。教师要为自己的学生制定一个标准。在英语词汇教学中，教师要注意及时地传达对学生的反馈。在英语词汇教学中，学生的自我评估主要有以下两点。

1. 整理错词

每个学生都要准备一本错词本，在本子上记下每一次的错误，每隔一周或半个月，就可以从第一页开始阅读。许多单词很长，而且拼写也很复杂，有时不能把它背下来，但要保证能认识它，学会它的汉语含义，这样才能培养学生的自控力和计划能力。每一周，教师都会对学生的错误进行一次检查，然后在每月的周一晚自习中，教师会对学生的背记情况进行抽查。

2. 自我检测

学生在学会了每个单元的词汇后，将汉语的词汇记在纸上，并尝试用英语进行默写。检查自己的错误，然后改正。学生将自己每天所学到的词汇记录下来，每隔一天读一次。这样可以帮助学生了解自己哪里做错了，是因为单词不会拼写，还是自己粗心写错了。周记和日志的形式使学生不必花费大量的时间去复习，可以抽出一些零散的时间去阅读。

（二）小组互评

每一组派出一名代表，四人一组，进行词汇竞赛。若小组代表回答不上来，另一组队员补上，保证全体队员都能参加竞赛，不仅能达到学习的目的，还可以激发学生的学习热情，让教室的气氛更加活跃。在这个过程中，学生可以用英语讲，这样可以提高他们的口语水平。另外，每个小组还可以组织一次单词演示，演示的内容不限，可以是单词的使用、形近词的区分、同义词的替代、同义词的多义替代等。其余的人也一样。这样可以帮助学生找出学习中的不足，也许有些同学在演示过程中只关注了语法，而忽视了具体的运用；有些同学仅仅知道词汇的某些上下文意义，而不知道它的本义。这样的互评可以让他们及时地调整自己的学习方案，并选择更适合自己的学习方式。实行集体互评，有助于团体间的沟通与交流。在这一时期，学生是主要的角色，教师只是一个配角，同伴之间的评价会更有激励性，学生的错误也能得到及时的反馈，每个人都能看到自己的进步。

（三）教师评价

教师要做好课堂教学记录。教师是组织、引导学生参与课堂教学的重要角色。在日常的教学活动中，教师要预先为学生制定一套评估标准，为他们树立一个基准，让教师能够及时找出问题，对其进行评估，使其不至于迷茫困惑。要建立学生的思维过程性评估准则，使他们能够更快地适应这一进程。教师在教学中要事先组织好教学活动，以引导学生的学习。教师要灵活地使用形成性评价，就必须从课堂学习表现、课堂讨论、对话表演等角度，仔细观察学生的学习态度、参与意识和学习方法，并做好记录，保证课堂评估的公正，更好地培养学生的词汇素养。

三、提高教师的词汇教学能力

（一）提升教师素养

为了培养学生的核心素养，在初中英语词汇教学过程中，教师要遵循学生的身心发展规律，根据学生特点教书育人。教师素养既指教师在课堂教学中展现的教学理念和方法，也包括教师自身的专业水平和人格魅力。

首先，学生最喜欢关心他们的教师，而学生对于学科教师的态度很大程度上决定了他们是否喜欢这一学科。根据需要层次理论，教师要为学生创设有利于学生学习的环境，排除不利因素，以激发学生的求知欲望，即学习兴趣，因此教师要主动提升自身的道德素养，努力做到这四点：一是，在对待工作上，爱岗敬业，作为一名合格的人民教师，要对自己的岗位保持热爱，当学生在学习英语的过程中遇到问题向教师请教时，教师要积极为学生答疑解惑，帮助学生克服困难；二是，在对待学生上，教师要充分尊重和信任学生，热爱学生，主动了解学生，在教学过程中做到将严格要求和关心爱护相结合，对学生有责任心和耐心；三是，在对待集体上，团结协作，初中英语教师之间要定期开展教学研讨，创新教法，相互配合，相互支持；四是，在对待自身上，为人师表，初中生具有很强的向师性和模仿性，因此教师对自身的一言一行要格外注意，为学生树立良好的榜样。

其次，英语是一门工具性语言，这一属性决定了初中英语教师除了要扎实掌握基本知识、基本技能和学科专业知识之外，还要掌握教育学、心理学等学科的知识。一方面，教师不断更新学科专业知识有助于提高自身的语言素养。在学生日常的英语学习中，教师口语的流利度和准确度对于学生词汇学习兴趣有很大的影响，因此英语教师在日常教学中应尽可能采用全英文教学以培养学生的语感。另一方面，在教学实践当中，英语教师具有丰富的学科教学知识，可以帮助学生科学构建语言知识、发展语言应用能力，通过设计学生参与活动，让学生在语言实践中发展能力，教师既要“授人以鱼”，也要“授人以渔”，学生既要知道“是什么”，也要知道“怎么用”。

最后，在能力素养方面，初中英语教师要注重提升英语表达能力、教育教学能力和组织管理能力。在表达能力方面，教师在传授知识时要做到表达的准确性、生动性和科学性，尤其是在教授词汇时应辅要以手势和动作，将口头语言和肢体语言结合，帮助学生理解。在教育教学能力方面，教师要注重对学生学习策略的指导，培养他们的自主学习能力。比如教师在教授学生自然拼读法的过程中要关注对学生英语感知能力的培养，通过讲解和示范引导他们自主总结发音规律，这样有助于学生在日后的学习过程中根据学习需要主动使用学习策略。在组织管理能力方面，教师在课前要根据教学内容和学生特点做好教学设计，在课中要用幽默的语言活跃课堂气氛，调动学生积极的情绪，高效利用课堂时间。

（二）优化作业设计

在初中英语词汇教学过程中和教学结束之后少不了用作业进行检测和巩固，除此之外，作业还有育人功能，学生通过完成作业巩固知识、形成能力、培养良好的学习习惯，在完成作业的过程中提升自我效能感。这在一定程度上说明了作业的重要性，也对教师的作业设计提出了要求，尤其是在当前的“双减”政策下，初中英语教师应当充分设计好作业，以帮助学生巩固所学、拓展思维，提高教学效率，促进学生词汇素养的养成。

首先，作业设计要围绕词汇教学目标，针对本节课的重难点设计具有代表性和启发性的作业，帮助学生学会举一反三，避免机械地重复性抄写作业。在设计作业时，教师心中应明确作业的作用是提高学生的自主学习能力。学生完成作业的过程就是学生灵活运用已有知识、学习方法和学习策略解决问题或者满足学习需要的过程。

其次，作业的类型应多样化，以书面作业为主，辅以各种活动性作业。活动性作业的类型包括但不仅限于课外阅读、英文视频配音、口语情境对话和英文手绘等，如运用所学的知识设计公益宣传图册等。尽量减少机械性读背和书写习题作业，避免死记硬背和机械做题现象，不能设计反复抄写等惩罚性作业。初中生对于活动性作业的兴趣会比传统的书面性作业更高，因为活动性作业是通过形式多样的综合语言实践活动引导学生主动思考、深入探究、交流讨论和自主合作，综合运用学生已学的语言知识和语言技能，完成学习任务，展现自己的学习成果，学生在完成作业的过程中可以将自身的兴趣与学习任务相结合，可以充分发挥主动性，增加完成作业的乐趣，提高词汇学习效率。

最后，分层设计作业。根据学生学习水平的差异，教师应当为他们设计不同难度、数量的作业。根据成就动机理论，教师应当在充分了解、研究学生的基础上，对于学习动机不同的学生安排不同的学习任务，增加作业布置的针对性和有效性。教师至少要准备三份作业：共同作业（一份）+ 个性化作业（两份）。共同作业就字面意思来看是全班学生都要完成的作业，是学生对于词汇学习需要掌握的基本知识和技能。对于一些学习成绩、基础较好的和“力求成功”类学生，教师可以为他们适当“加餐”，针对他们的学习风格设计一些有一定难度、需要更加深入思考才能完成的个性化作业。科学、合理地设计分层个性化作业有助于充分尊重学生的差异，满足不同学习层次学生的需要。教师需要认识到作业的重要性，在充分考虑学生差异性的同时也要引导学生学会学习，通过设计适当的作业让学生既能体会掌握知识的成就感、运用知识的愉悦感，又能激发学生自主学习词汇的兴趣，使学生的词汇素养得到更好的提升。

第四章　核心素养下初中英语语法教学

本章分为初中英语语法教学概述、初中英语语法教学设计、核心素养下初中英语语法教学策略三部分。

第一节　初中英语语法教学概述

一、英语语法与语法教学

（一）英语语法的定义

语法究竟是什么呢？不同的语言学派对语法的定义也不尽相同。而且随着时代的变化以及语言的不断发展，语法的概念也在随之不断地变化着。因此，目前语法的定义并没有在学者中达成一致，有以下一些种类。

①规定性语法：规定性语法是指语法学家对英语语言进行研究后，制定出一系列规则作为语言的标准，符合这些标准的就是“好”的语言，不符合的便被认定为“坏”的语言。

②描述性语法：描述性语法是指人们日常生活中使用语言的习惯、搭配等。

③结构语法：结构语法即短语结构、组词造句规则以及词汇搭配的语法知识的组合。

英国语言学家哈默（Hammer）把语法界定为各种词类概念、词性变化规律、组词成句规则和语序变化方式。

英国语言教育家威多森（Widdowson）认为语法是如何把词和短语以一定方式组合成句子的一系列规则和知识。

世界著名学者、社会批评家诺姆·乔姆斯基（Noam Chomsky）也对语法的概念做了阐述，他认为语法是一套规定了句子是如何形成、使用和理解的规则体系，也就是人们通常说的“句法”。

北京大学英语系的胡壮麟认为研究语法就是研究不同句法成分之间的关系，包括结构之间的同现关系、位置关系以及替代关系，同时也研究各成分之间的排列方式。

北京外国语大学的文秋芳表示，认知语言学认为语言就是构式单位的组合，构式包括词素、词、习语、词类范畴、双宾语、被动等。

④动态性语法：语法不是静止不变的语法规则，而是依据语言环境而变化的。

美国语言学家拉森·弗里曼（Larsen Freeman）将语法定义为研究词汇的语法形式、词汇的语义和词汇的语用学研究。这几种成分之间相互制约，一种成分如果发生改变就会引起其他成分发生一定的改变。也就是说，语法是一个动态的语境现象。

⑤教学语法：这类语法就是各类学校中教师着重教授、学生着重学习的语法内容。这类语法的特点是具有较强的系统性和普遍性以便于学习者进行学习，其内容主要是长期以来被人们所接受与认可的语法规则。传统的教学语法主要包含三个方面的内容：语音学、词法学和句法学。随着时代的进步，语言不断地发展与进化，人们对语法的认识也越来越全面，所以对语法的定义也有了一些新的认识和看法。

《朗文语言教学及应用语言学词典》将语法定义为：语法是语言结构及语言学单位如单词、短语在该语言中组合成句的方式的描写，通常包括这些句子在整个语言体系中的意义及功能。这一语法的定义显示出人们对语法的认识更加系统与完善，不仅仅停留在表面的词语句子间的规则，还考虑了语言的实际运用功能。此外，拉森·弗里曼还提出了比较新奇的观点，她把语言中的语法形式、语法意义和语法功能概括为语法的三个要素，它们三者之间相互制约，相互依赖。

从以上这些语法定义的观点不难看出，人们对于语法的认识和看法已经越来越完整，越来越深刻了。最初的认识还仅仅停留在静态的单词与句子之间的一系列的规则与形式，后来逐步开始认识到语言的真正功能与作用，对语法的定义也开始发展到动态的表达功能、意义功能上了。把语言当成一个整体，而不再是零散的一个一个片段了。这也告诉我们，在从事教育工作时，尤其是中小学的英语教师在进行英语教学时，一定要重视对学生整体语言能力的培养，在进行英语语法教学时，要注重语法的意义与语法的实际运用，有助于学生对语法知识的认识更加完整，以便他们更好地学习英语语法。

(二)语法教学的定义

英语语法是英语这门语言中不可或缺的一员，掌握好语法知识将对整个英语的学习带来莫大的帮助，因此英语语法的教学也显得格外重要。那什么叫作语法教学呢？美国语言学家塞尔斯－穆尔西亚（Celce–Murcia）是这样来定义语法教学的，任何学习活动的焦点集中于语言形式则都是语法教学。但随着时间的推移，社会的发展，这样的定义似乎也受到了后人的挑战。总之，英语语法教学就是使学生具有对语言的科学性的认识，提高理解和运用语言的能力。

二、英语语法教学研究

(一)国外英语语法教学研究

国外学者肯定语法教学的重要性，而且都重视语法的意义教学而不只是形式，也就是说重视语法在实际中的应用。学习者要想真正掌握好一门外语，就要在学习好语法的基础之上，有意识地按照语法规则使用语言。语法学好了，语言的表达也会更加准确。国外学者总结的英语语法教学法主要有以下五种。

1. 语法翻译法

语法翻译法指的是，教师以学习者的母语解释语法规则，学习者先要记住语法规则，然后再应用语法规则翻译句子。对于程度高的学习者要求其对整篇文本进行逐字翻译。这种教学方法使学生能够阅读并翻译文本。但随着英语语言学的发展，很多学者都从不同的角度批评了此教学法。他们认为翻译教学法以教师作为教学过程的中心，仅仅将语法知识灌输给学习者，而让学习者失去自主习得语言语法的机会，导致语法系统、社会意义系统和语言系统的关系被人为地割裂了。

2. 听说教学法

听说教学法主要是培养学生的听力能力和口语能力。此教学法认为听力和口语的教学发生在读写之前，但并不反对语法教学。听说教学法主要通过句型操练的方式进行语法教学。学生通过对大量听力材料反复进行模仿、记忆、练习，实现对语法知识的理解和掌握。对话也是听说教学法的重要学习活动，通过对一些英语对话的模仿及背诵，提高学生的英语听力能力和口语能力。

3. 认知教学法

认知教学法是一种综合性强的教学法，其以语法翻译法作为主体部分，在改良语法翻译法的同时又将其他教学流派的优点与之融合，也被称为“新语法翻译法”。语言理解、语言能力和语言应用是运用认知教学法进行外语教学活动的三个阶段。认知教学法认为学好一门语言的关键在于熟练掌握该门语言的原理和规则。一般来说，语言的原理和规则指的是该门语言的语法知识和语法体系。认知教学法强调对语法的教学，但它更提倡有意义的学习，教学的重点在于让学生理解和掌握语法规则。

4. 直接教学法

19 世纪末，直接教学法的产生弥补了语法翻译法忽视对学生听、说能力培养的不足。直接法的直接包括三个含义：直接学习、直接理解和直接应用。在教学过程中禁止讲授者使用母语，鼓励使用动作和图画等手段来更直观地解释词义和句子，采取贴合学生实际生活的方式进行教学，营造出一个良好的外语环境，易于学生外语思维能力的培养，鼓励学生多在实践中使用和练习，大大激发了学生学习兴趣的同时，学生的口语能力以及语言运用能力也得到了锻炼。该教学法的不足之处在于有些语法规则复杂难懂，如果完全避免使用母语进行教学的话，很可能造成学生对语法规则及概念理解的偏差，使学生在输出句子时出现较多的语法错误。

5. 沉浸教学法

沉浸教学法认为，不必刻意进行语法教学，而是尽可能地给学生提供外语语言环境，之后在大量的外语语言训练中不知不觉地习得语法。所以，在英语教学中他们提倡用全英语授课，让学生完全沉浸于英语环境中体悟语法。但在实际教学中，这一教学方法遭到了很多质疑。在沉浸式教学中，很多学生不再处于“语言习得的关键期”，学习语言的方式与儿童已经大有不同，最主要的不同就是母语迁移的影响。对于语言迁移可以确定的是，对于第二语言学习来说正迁移是有积极作用的，但在沉浸教学法中却被人为排除了出去。而对于语言的负迁移现象，却因在语言教学过程中对教师指导作用的不重视而被忽视。一味地要求学习者对语法知识进行自主探索，极大地增加了学习者的学习压力。可知，教学中如果对“沉浸”的度把握不好，反倒会加重学生的学习负担。

综上所述，国外不同的教学流派对语法的重视程度亦有不同，在实际教学应用中也各有利弊。比如语法翻译法强调使用母语讲解语法知识，学生学起来较为轻松，但是只强调语法知识层面的学习，没能建立起语言知识间的联系，对于学生语言应用技能的培养十分不足。直接教学法虽然直观，但是对于语法解释不清晰，学生产生的语法错误较多。国外语言与中文的特点不同，语法规则也天差地别，所以对于母语是汉语的学生来说，语法教学情况也会不大一样，所以我们在借鉴国外教学方法的过程中要注意到国内外学习者的差异性，采用真正适合本土学生的语法教学方法。

（二）国内英语语法教学研究

语法教学在我国英语教学中一直是一个热门话题，国内研究者大多对重视语法的教学持肯定态度，认为学好语法是提高听说读写能力的基础。在语法教学方法方面，国内主要有演绎法、归纳法、对比法以及任务教学法，以下对这四种教学法进行综述。

1. 演绎法

此方法重视对语法的学习。在课堂上教师先对语法的概念和用法进行详细的讲解，然后通过举例的方式向学生展示该语法规则是如何在句子和文章中使用的，以此帮助学生理解语法的作用。之后，教师通过布置一些造句、翻译等任务让学生将刚刚所学的语法运用起来，以这种形式来检查学生对于语法的掌握情况，最后进行一些习题的练习来巩固语法知识。通过以上教学过程，帮助学生深度内化所学知识，实现对语法的灵活运用。

2. 归纳法

与演绎法的教学过程正好相反，归纳法要求学生仔细观察和分析教师给出的语言内容，从中找到规律，对所学语法知识形成初步的印象。之后在教师的引导点拨下学生对语法现象进行归纳总结，最后教师通过让学生完成语法练习题实现学生对刚刚所学语法知识的运用，以此检验学生对新知识的掌握程度，对学生来说练习也是对知识的加深及巩固。

3. 对比法

英语语法具有知识点繁多且琐碎的特点，其中不乏形式或含义相似或相反的语法项目，对于此类语法知识的教学，对比法无疑是较为合适的方法。首先教师将本节课需要进行对比的语法项目在课堂上呈现，要求学生认真观察，引导学生分析出语法项目间存在的相同点或差异，此步骤使学生更容易理解语法规则的同时又加深了记忆，之后教师与学生共同进行总结与归纳，让新旧知识产生联系。最后以练习的形式实现对知识的巩固与内化。

4. 任务教学法

任务就是指教师要将应该学习或者掌握的学习目标提前转化为具体的行动任

务，并鼓励和引导学生在课堂上以个人完成、小组协作或共同探讨的形式，运用学会的语言知识来实现任务目标，而且在完成任务期间，学生可以对掌握的知识内容进行再消化，最终实现学以致用。此法诞生于1880年，是从“做中学”的教育理念中诞生的，它和语言交际授课方法是相互联系、相互配合的关系，并且也是在国内外使用最多的语言授课方法。截至今天，在中国的基本教育实践里，像这类在课上直接使用语言知识的情况比比皆是，并且在国内也变成了第二语言教育课程改革的一个新方向。任务型教学理论重视在行动中学习语言知识的成效，认为要想掌握语言，就必须在现实中使用语言，单纯的语法训练或重复背诵很难达到语言应用的实际水准。在授课活动里，教师必须以具体的交际情境和语言项目为核心，设计出详细、有操作性的任务，学生利用表达、交流、协商、解释、咨询等多种语言活动方式来完成任务，从而达到学习且掌握语言的目的。

以上四种英语语法教学法虽然各有不同，但均注重在传授知识的基础上进行训练。作为一种巩固知识的方式，练习对于语法学习至关重要。然而，在大环境班级授课制的教学模式下，教师将课堂上的时间主要用在对英语语法规则以及习题的讲解上，学生能真正进行实际操练，在情境中体会英语语法的机会较少，课下的练习又很难做到及时反馈纠正。所以改善这一问题寻求合适的课堂模式是当下进行语法教学的当务之急。

三、初中英语语法教学的理论基础

（一）三维语法理论

1. 三维语法理论产生的背景

在三维语法理论提出之前，语法教学领域的研究焦点几经更迭，经历了重视形式和聚焦意义交际两个阶段。三维语法理论产生于形式、意义和交际三者并重的第三阶段。

第一阶段是强调语法形式的语法教学阶段。20世纪70年代以前，语法教学受到来自语言学领域和心理学领域的双重影响。结构主义语言学认为语言是分层次的形式结构，强调描述、分析语言的结构组成以及各个层次的组成成分。行为主义心理学认为人的习得过程与动物类似，强调通过外界环境的刺激引起学习者的反应，并通过大量的机械练习来强化该刺激与反应的联结，最终形成习惯。

在社会发展需要通晓一定语法规则的人才的背景下，这一时期的语言教学将语法视作语言教学的重点，并采用以训练语法形式规则为重心的教学法进行英语教学，其中，以语法翻译法、直接教学法和听说教学法为主要代表。这些教学方法都以学习者学会运用目标语法规则去处理本族语与目标语的关系为目的，分别通过大量翻译、被动模仿、重复机械句型操练和语法规则练习来习得句法结构。

在这一阶段，学习者在英语学习的某些方面取得了进步，如他们的翻译能力、阅读能力得到了一定程度的提高，思维习惯受到了英语语法逻辑的影响，以及形成了比较扎实的语言文字基础。然而，部分外语教学一味地追求语法规则的正确性，教学过程中过分强调模仿重复、机械练习和反复操练，却忽略了语法本身的意义、使用环境以及学习者自身的交际需要。

第二阶段是聚焦意义和关注交际的语法教学阶段。20 世纪 70 年代到 80 年代初期，语言研究者针对学习者在掌握语法形式之后仍不能理解语法意义和得体地使用语法规则进行交际的现状，认为英语教学的重点应该转移到帮助学习者理解语言的意义和提高语言交际能力上来。在这一阶段，语法教学的重心经过一次更迭，划分为两个阶段，第一阶段语法教学的重心聚焦于意义，第二阶段语法教学关注交际。

在聚焦意义阶段，语法教学主要受到了当时在语言学领域占有重要地位的语言习得学习观、转换生成语法与心理学领域认知主义的影响。语言习得学习观强调语言学习是潜移默化的过程，在这一过程中学习者将自己的注意力集中于学习对象的意义，强调对学习对象的理解。语法系统可以分为基础和转换两部分，其中基础部分存在于深层结构，主要是指“说话者、写作者、读者或听者”心里面的所思所想，这部分深层结构可以转化为表层结构，即人们可以说出、写出、听到或看到的事物。认知主义认为学习者习得的过程需要认知的参与，强调在学习者原有的知识基础上建构新信息，倡导学习者可理解、可接受的意义学习。

在这一阶段，语法教学不再只是关注语言结构组成和层次逻辑，也不再单纯强调学习者对语法规则的大量机械操练和被动模仿练习，而是开始关注语法规则背后的意义，强调对语法规则的理解，从一种语法规则的基础上产生不同的句型表达，在学习者理解语法规则的基础上生成有意义的话语，从而提高学习者的语言能力。但是，此时期的语法教学着重培养语言能力，尚未关注到交际这一层面。

在关注意义阶段，经过语法学习，学习者可以了解语言规则、分析语言的结构层次、理解语法规则的意义并生成新的话语。但是，此阶段的语法教学过分强调对语法意义的理解，缺乏使用目标语的机会，致使学习者不能在合适的场景下选择合适的话语进行交流，无法满足实际的交际需要。

意识到这一阶段语法教学的弊端后，语言领域开始将研究重心转移到语言交际能力，语言教学开始有意识地淡化交际过程中的语法规则的精确性和严密性，进入关注交际阶段。在关注交际阶段，语法的地位急剧下降，尤其是美国语言学家克拉申（Krashen）提出的无对接理论更削弱了语法的地位和作用，给语法教学以致命打击。克拉申否认显性的语法规则教学和反对直接学习语言结构，认为语法形式的重复练习对语言习得没有任何影响，学习者在语言环境中能够自然而然地学会用目标语进行交流。

第三阶段是形式、意义和交际三者兼顾的语法教学阶段。20世纪80年代中后期以来，随着语言研究领域的深入发展，语言学家对语法的地位和作用有了新的认识和判断，他们逐步发现将语法视为语言教学的“教条”行为和完全抛弃语法教学的做法都是不可取的，语法能力在提升语言能力方面具有不可代替的作用。同时，他们也逐步认识到教授语法不是把语法规则从具体语言环境中剥离出来，单纯学习语法的规则、意义或使用，而是需要把三者结合起来一起教学。目前，英语教学强调语法形式、意义和使用三者并重，基于语法意义和语法使用的语言形式教学成为英语教学领域的主流观点。在此背景下，美国语言学家拉森·弗里曼打破了传统的语法教学思想，基于自己的语法观提出了三维语法思想，认为语法具有三个维度（形式、意义和用法），并对语法的三维性展开系统论述，最终形成三维语法理论。

2. 三维语法理论的内涵

（1）维度之一：形式

语言形式由语音（或手势语中的手势）、书写符号、曲折词素（如过去分词-ed）、虚词（如at）及句法结构等各种看得见或听得见的语言单位构成。语法形式主要回答语言单位的构成问题，确保语言运用的正确性。

（2）维度之二：意义

语言的第二个方面是意义，语言意义与通常理解的意义不同，指的是脱离语境的基本的指示意义，即在词典中可以查到的意义。语法意义主要是解释语法表达的基本意思，确保语言表达具有意义性。

（3）维度之三：用法

语言用法并不涉及语言编码的意义，而受到人们使用语言时的意图影响，运用语言表达实现交际目的。语法用法主要回答了什么时候用该语法和为什么使用该语法的问题，以增强在不同语境中语言交流的适当性。

(4) 三个维度之间的关系

拉森·弗里曼从言语交际视角提出了语言的三维体系，将语法划分为形式、意义和用法三个维度，这个三维体系同样也适用于该体系的不同层面。三维体系中的每一维度都有着自己的基本单位，如形式的基本单位包括音位、字位、符号等，意义的基本单位为单词、派生词素、字符串等，用法的基本单位是社会功能和话语模式。虽然这三个维度的基本单位分属于语法的三个方面，但针对某一维度而言，可以对这一维度的基本单位从形式、意义和使用三个方面进行描述和分析。

（二）二语习得理论

1. 习得—学得假说

“习得”是一种无意识、不明显、非正式的自然而然的学习语言的过程。学习者不会意识到自己在学习语言，只知道在用语言交流。“学得”是学习者有意识、明显、正式的和非自然而然的学习语言的过程。学习者关注的是语言形式和语法规则。

这一观点正贴合我国初中生学习英语的特点，他们学习英语就是在一种有意识、明显、正式的环境下进行的。因此，教师在课堂上是非常重视学生对于英语语法形式与规则的教学的。

2. 语言输入假说

“语言输入假说”是习得语言的核心部分。语言的输入是第一性的，习得语言的最基本途径就是能够理解输入的语言。克拉申提出的“i+1”公式，“i”即学习者目前已有的认知水平，“1”就是稍高于“i”的知识层次。教师教学中要给学生提供“可理解性语言输入”，即略高于学习者现有语言水平的第二语言输入。目前的外语教学效果不佳是因为语言的输入不够。要掌握好一个新的句型仅仅靠几个练习或者几段材料是不够的，还需要广泛地阅读和积极地运用所学目标语，同时要帮助学习者在课外获得更多的语言输入，在语言的运用中提升自我，把课堂的教学与课外的活动结合起来。通过大量的语言输入与语言输出的过程，学习者是可以习得语言的。

因此，要想提高教师语法教学与学生语法学习的效果，教师应该为学生提供一些可理解性的输入。也就是说，首先，教师所提供的语法知识是符合学生水平的，是可理解的。其次，所提供的内容应该是有趣的，并且和实际生活是高度相关的。越有趣，越相关，学生就越可以在轻松的环境下获得语法知识。最后，教师要给学生提供足量的语料，让学生充满兴趣地进行广泛的大量的对话。

3. 情感过滤假说

在学习外语时，情感因素会影响语言的学习。情感过滤是一个屏障，虽然不直接影响语言学习，却会阻碍可理解性输入到达大脑。情感因素包括动机、自信心和焦虑三种。动机是由内在需要引起的，推动促使人从事某项活动的意念和愿望。学习动机分为内部动机和外部动机。内部动机指的是个体的主观意志，如兴趣或达成目标后的成就感。外部动机是客观诱因在学习者身上产生的作用，如赞美与鼓励。自信心是个体对于自己能否完成某项活动的主观判断，自信心强者通常能迎难而上，发挥最大的潜力。焦虑是人们由于不能达到特定目标而产生的焦躁感。适当的焦虑会促进学习者的潜力发挥，即促进性焦虑，过度焦虑或者毫无压力则会妨碍学习者进步，即妨碍性焦虑。可见学习动机、自信心和焦虑等情感因素会影响语言习得的结果。因此，教师要在语言教学过程中努力创造一种有利于降低学生学习焦虑感、增强其学习动力和自信心的课堂环境，从而提升课堂语言教学的效果。

4. 监控假说

语言习得与语言学得的作用各不相同。语言习得是潜意识语言知识，是真正的语言能力。语言学得是有意识的语言知识，在第二语言运用时起到监控作用。其发挥作用还需要三个条件：一是语言使用者要有足够的时间进行有效的选择语法规则和运用规则；二是语言使用者的注意力是集中在所用的语言形式上的，要考虑语言的正确性；三是语言使用者要具备所学语言的语法概念和语言规则知识。

在语言教学中，教师并非要对学生出现的语法错误进行过急过多的纠正，应恰到好处地让学生的注意力集中到教学活动中，然后再对学生出现的语言错误进行适当纠错。

第二节　初中英语语法教学设计

一、初中英语语法教学设计原则

（一）主体性原则

作为教学活动的主体，教学活动的设计需要围绕学生的需要进行。同样，英语语法教学的设计也需要建立有效的以学生为中心的课堂环境。以学生为主体，是教学策略研究与实践的出发点和落脚点。作为网络时代的“原住民”，现阶段的初中生对于电子产品有着较强的理解能力和使用能力。

学生“不是空着脑袋走进教室的”，学生的现代化信息素养为英语教学融入课堂提供了技术操作的可能。然而，教师也需要利用好课堂的各项功能，立足于学生的自身发展，激发学生的内在学习动力，鼓励学生积极主动地将课堂上所讲授的内容内化。将学生放在教育教学的中心，时刻记住学生是学习的主体，这是英语语法课的设计基石。当然，教师在整个教学环节中的主导作用仍是不容忽略的。教师的主导作用就是要使学生的学习动机、主观认知转化为自觉行动。

（二）情境性原则

语法学习的最终目的在于使用恰当的语言进行交流，以达到沟通的目的。在进行语言教学的时候，应该在适当的语境中让学生体会语法结构的使用场景，以帮助学生学会在适当的情境中使用语法结构。“情境”对英语语法的意义建构有极大的作用，利用交互式电子白板等设备提供的适时的背景资料，如视频、录音、图片等，不仅能够帮助学生体验不同场景，也能提供不同种类的信息资源来支持学生主动的“学”，最终达成意义建构。因此，教师在进行语法教学设计时也要充分利用智慧课堂技术，为学生搭建一个可以真实使用语言进行交流的环境，这是教学策略实施的关键环节。

（三）隐性—显性原则

初中英语语法教学在学生整个英语学习过程中有着举足轻重的作用。对于语法教学，国内外许多专家已经达成共识，即语法必教。如若没有扎实的语言基础，就不能培养良好的语言能力，而只有在具备良好的语言能力的基础上才能谈文化意识和思维品质。在进行语法教学时，必须坚持隐性—显性教学相结合的原则，且应该先隐性进行输入，再通过显性教学帮助学生类比、归纳、总结语法规则。语法教学策略的运用也需要坚持这样的语法教学原则，使用智慧课堂技术也能检查学生是否通过隐性—显性语法教学真正将语法知识内化为自己的语言能力。

（四）适度原则

在进行教学设计时，教师应该考虑到相关教学环节上使用智慧课堂技术是否有必要，而不能为了使用智慧课堂技术而使用，这就违背了教学的初衷。另外，在进行教学时教师也需要尽可能尝试使用智慧课堂教学技术，多方收集数据，以实现以数据导学、以数据促学、以学定教，更好地达成精准的教学效果。因此，适度运用智慧课堂技术是实施教学策略的关键。

二、初中英语语法教学设计方法

（一）故事教学法

1．故事教学法的概念

故事教学法是指在进行教学设计时，对故事资源进行利用，有效结合故事情节和教学内容，提高学生的学习兴趣，使课堂氛围更加活跃，即在多个完整、生动的故事中安排所需讲解的知识，在利用故事对知识点进行包装整合的基础上，系统地构建出教学大纲中的知识内容。这是一种比较受欢迎、深入浅出的教学模式。学生在学习过程中接触有着完整意义的英语故事语言素材，在听、说、理解的过程中，逐渐自行意识到某种英语语言结构规则。新籍华侨、著名英语教育家威廉·史密斯（William Smith）提出，故事教学法是一种特定的专门针对中国学生英语听说能力培养而研究出的一种独特的教学方法。“寓教于乐”和“先有精确的输入，才会存在精确的输出”是其所遵循的基础原则。

故事教学法是一种具体的应用于英语课堂教学的教学方法。大多数孩子都是依赖故事来认知世界的，如从小就阅读名人传记、童话故事等，故事刻画的情节和场景总是充满着巨大的魅力，吸引着青少年。基本上所有青少年都具备热爱阅读故事的特点，这也与其成长阶段对万物好奇的心理相符。因此，故事教学法正是紧抓青少年这种普遍存在的心理特点，利用故事来进行课堂教学，这可使课堂内学生的参与度得以加强。过去课堂的主要掌控者都是教师，即便存在着活动，也只有少数学生参与其中，而学生和教师的互动可通过故事教学法得以加强，将学生的课堂主动性激发出来，使教学效率得以提升。

交际能力中极为关键的一部分就是语法能力，因此不应在交际能力之外独立进行语法教学，应基于交际语境开展语法教学，并要基于上下文的内容，妥善合理地把学生需要掌握的语法点有机融入实际的情境之中，从而科学结合视、听、说，促使学生在实际沟通过程中对学习的英语语法规则有所掌握。基于此，我们必须将以往的独立学习英语语法的方式摒弃，抛开死记硬背的填鸭式教学模式，务必在真实语境的环境下，利用实效、有趣、生动的方法等来给学生提供一个相对活跃轻松的语法学习环境，从而提升学生的英语语法水平，而故事教学法正与此要求相符合。

故事教学法是在对故事进行利用的基础上教授英语的一种方式，故事材料的选取范围极为广泛，童话、传统文化故事等都可基于学生的认知水平进行改编，以开展教学。在英语语法教学过程中，在故事内融入语法项目，通过故事教学法的相关教学流程以及小组探讨和合作学习的方法，促使学生通过语境对有关语法项目进行掌握理解，将学生学习英语语法的兴趣激发出来，同时渗入情感沟通，还可根据故事内容进行文化意识的输入，达到《义务教育英语课程标准》（2022年版）中提出的目标要求，还可促使学生通过整个故事感受到英语语法学习的乐趣和魅力。

2. 故事教学法在初中英语语法教学中的应用

（1）情境创设

情境创设以学生为主导，使其能够进入相应的学习状态，同时也能在潜意识基础上对相关知识进行学习，并激发相应的学习积极性。在创设生态课堂环境的过程中，也能为课堂实效性提供相应的保障。一般而言，真实的语境可以使语言应用与习得产生较强的联系，使学生在结合实际的基础上，深刻理解相关资料，进一步提升文化水平，实现“教文化、教人、教语言一体化”的目标。在语法故事教学过程中，这一环节表现得极为明显，其不仅仅是模拟实际教学的关键，同时也是提升学生想象力与兴趣的关键一步，可以有效保障基于故事教学法的语法课堂高效顺利开展。

（2）语法故事选取

首先，确定故事资料库。资料库可以以语法故事化课堂、专业化语料库使用为基础，对相关语法故事进行相应的扩充。在日常教学过程中，教师也需要对多元化故事进行分类与收集，即以“语法故事类型”“语法故事主题”为分类依据，但是对于故事题材的收集，只能作为故事的基础，教师也需要具备扎实的专业素养和创造力，以语法知识点为基础，对所收集的故事进行相应的调整，自然合理地将语法知识点融入故事题材中。而故事主题也能直接阐明课堂学习的核心问题，有效避免课堂的无效与失焦。同时应确保故事的主题具有可迁移性，便于学生将探究主题与生活情形相联系，从而唤醒其生活经验，引发学生更深入地探索和思考，推动探讨活动的开展。

（3）故事脉络梳理

在脉络检视过程中，教师必须以教学实际为基础，对创作的故事进行反复检查，这样能有效保障课堂活动的顺利开展。此外，教师还需要以教学目标、实际情况为基础，对相关故事进行相应的调整。一是通过脉络检视来确保文章的整体感，看文章是否具有明确清晰的主题或中心思想；二是明确语法知识与故事之间的契合性，保障脉络的清晰性；三是确保故事逻辑的合理性；四是明确不同故事的逻辑关系；五是分析故事的文化内涵，使其可以对学生产生相应的启发性与教育性；六是明确故事的中心思想是否具有启发性，提前预判学生会有些什么样的心理反应。

（4）语法故事探讨

①语法故事呈现。对于语法故事而言，故事的呈现过程往往要求学生或者教师具有一定的解释力、语言张力和情境感染力，同时也能在保障条理清晰、生动形象的基础上，激发听者主动进行思考。要想实现这一效果，故事的呈现者必须具备极强的自我解释的张力，即可以将故事中的语法栩栩如生、生动有趣且自然巧妙地进行阐述，并且使其成为思考的新起点。

②脉络分析。学生在语法故事课堂中对语法故事的探究，便可称为“脉络分析”，即以小组讨论为基础，通过教师的引导，在合理把控发展趋势的基础上，使学生可以自主发挥自己的观点，并进行相应的优化、迁移与拓展。这能够保证教学活动的开展不影响教学目标的达成，并避免学生因认知、分析问题的能力有一定程度的局限性而引发的无约束、过度自由的课堂讨论，确保课堂有效性。教师在引导过程中也需要与学生一起合作探究，从而在保障故事脉络艺术性、科学性、合理性的同时，也能进行多维度的鉴赏与评价，保证课堂层层有序地推进和高效实施，而师生也能在民主、和谐的氛围中进行更加系统、深刻、有序的知识构建。

③学生经验叙事。学生经验叙事是在其已经构思的语法故事基础之上，对其经历和思考的叙述，是思维重整和生成的过程，是学生自主化更新、审核既成语法故事的心路历程。学生经验叙事可帮助学生整理其经验，组建个体认知网络，明确概念，调试、重构其价值体系。

（二）合作学习法

1. 合作学习法的理论基础

（1）群体动力理论

群体动力理论的创始者对群体动力做出如下定义：第一，群体的本质是社区成员之间的相互依赖关系（这种相互依赖关系是根据共同目标创造的），是一个动态整体，其中任何成员的状态变化都可能导致其他成员的状态变化。第二，成员之间压力大的内在状态发生变化可以直接激励小组成员实现共同的发展目标。德国心理学家库尔特·莱文（Kurt Lewin）提出了群体动力理论，该理论认为人们的行为是内在需求与个体环境相互作用的结果。其内涵是引导人们从群体所有成员之间的关系出发思考群体行为的演变。也就是说，在整个小组的动态中，任何成员的变动都可能导致该小组中其他成员的状态更改。因此，在合作学习小组模式下，每个团队成员将不再担心自己的个人失败。合作环境也可以在一定程度上提高学生的自尊心和自信心。团队成员互相帮助和鼓励，从而彼此融合。在这种环境下实现学习的价值会更有用。

中国学者经常认为“群体动力”是指来自群体内部的一种“能量”。在一个学习群体中，具有不同知识水平的小组成员的知识结构和思维的方式都可以相互启发，相得益彰，在知识的交流和冲突中可以产生新的认识和理解，上升到一个新的高度和水平，并以集体的力量完成合作学习的任务。在充分借鉴群体动力理论的基础和前提下，合作学习的思想和理论得以形成和发展。在合作学习过程中，学生不必过于害怕教师的学术权威，也不必过分担心个人学习的失败。同学们互相帮助，彼此相爱。在合作学习过程中，成员之间相互依赖。教师通过整体表现来奖励学生，因此小组成员形成了不可分割的整体。这将帮助那些具有较弱的责任感、动力和毅力的学生产生积极的小组压力，从而提高他们的学习效率。

(2) 社会建构主义理论

社会建构主义理论强调主体和周围环境的相互作用。学习者是知识意义的主动建构者。因此，课堂应以学生为中心，教师只是起到指导作用，有助于知识意义的建设。认知个体具有自己的特点，且知识结构各异。但是通过小组讨论等协作学习方法，他们可以从不同角度构建解决问题的方法。合作学习强调师生之间、学生与学生之间的合作交流。同时强调学生、教学内容和教学媒体之间的相互作用，在知识意义的构建中起着关键作用。“情境”、“合作”、“会议”和“意义建构”是社会建构主义学习环境的四个要素。为了使结构更有效，教师应尽可能组织合作学习（讨论和交流），并可以指导合作学习的过程。指导方法包括在上下文中提出适当的问题，激发学生的思考和讨论，可以深入讨论问题，加深学生对内容的理解，可以激发学生自身的调节力，纠正错误或补充单方面的认知等。

2. 合作学习法在初中英语语法教学中的应用

许多研究表明，合作学习在不同方面起着非常重要的作用：促进学生之间的互动；营造轻松的学习氛围；使学生互相尊重；提升学生的自尊心；提高学生的成绩并强化他们的学习动机；提高学生的学习能力；培养良好的素质和意识。合作学习可以促使学生积极地学习知识。在学习语法知识的过程中，它将帮助学生构建新知识，从而使他们能够建立语法系统并掌握如何通过语言学习实践来使用它。合作学习强调了以学生为中心的教学策略，在语法教学中进行学生之间的小组合作学习。通过这种方法，可以激发学生的积极性，提高他们在语法学习中的理解和应用能力。

（三）情境教学法

1.情境教学法的定义

知识与情境两者不能独立开来。学习知识的基础是建立在特定的情境上的，使学生在脑海中形成表象，从而有效地调动学生的非智力因素，促进他们的思维发展，调动他们的学习热情，改变以往英语教学枯燥乏味的局面。

情境教学法是指在教学过程中，教师有目的地引入或创设具有一定情绪色彩的、以形象为主体的生动具体的场景，从而帮助学生理解教材，并使学生的心理机能得到发展的教学方法。情境教学法的核心在于激发学生的情感。情境教学是在对社会和生活进行进一步提炼和加工后才影响学生的。诸如榜样作用、生动形象的语言描绘、课内游戏、角色扮演、诗歌朗诵、绘画、体操、音乐欣赏、旅游观光等，都是寓教学内容于具体形象的情境之中，其中也必然存在着潜移默化的作用。

2.情境教学法的原则

（1）主体性原则

学生是课堂的主人，传统教学模式中以教师为主的观念已经被慢慢摒弃，现代教学中，教师只发挥主导作用。英语情境教学的设计应该克服传统英语教学注重理论知识的强硬灌输、强调死记硬背的教学方法。教师应借助现代教育技术手段，通过良好情境的创设以及教师的语言调节，拉近师生之间、生生之间、师生与教学内容之间的距离。

（2）生活性原则

学生所有的认知都源于生活，教育也源于生活，并且要应用到生活中去。因此，在创设情境时，一定要注重情境的生活性，脱离生活的情境会让学生感到空洞，认为整个课堂都建立在一个空中楼阁之上，并对教师教学持怀疑态度，这会大大影响教师的教学效果。只有创设真正与生活密切相关的情境，才会引发学生的情感共鸣，才会使抽象单调的课堂变得直观生动，并引发学生认知的改变。

（3）新颖性原则

世界变化如此之快，在大数据时代，如果教师无法追随时代发展的趋势，只是停留在以往陈旧的信息当中，一是会让学生感到无趣，对课堂产生倦怠感；二是会拉远教师与学生之间的距离，让学生认为教师是“老古董”。英语是世界通用语言，全世界每时每刻都在发生着重大事件，因此，英语课堂教学必须紧跟时代步伐，在选择创设课堂情境的材料时，必须将社会生活中出现的各种重大新奇事件以及新的问题引入教学中来。这样学生对每堂课都会抱有最大的新鲜感，能极大地引发学生的求知兴趣，并进行积极的思考。当然，在一些比较知名的旧事件中，如果教师能创设出非常有新意和具有重大意义的情境切入点，仍能符合“新颖性”的特点时，也可以产生非常好的教学效果。

（4）针对性原则

情境材料的选择必须符合当前的教学大纲，且要切实为教学内容服务。即使创设的情境再好、再新颖，如果无法为教学内容服务，可能会将学生引入误区当中，或者学生都会认为这堂英语课跑题了，从而对教师产生怀疑，结果造成了本末倒置。因此，教师要仔细钻研教育部发布的新课标的要求，并深入研究教材的知识点与重难点，创设出符合条件的情境。同时，教师还要钻研学生的心理，过于深刻或者过于浅显都会对学生产生不利的影响，因此在情境创设时还要针对学生的心理、生理特点，并了解他们的实际需要。

（5）启发性原则

孔子云：“不愤不启，不悱不发。”启发性原则在教学中也是十分重要的。我们所创设的情境中也要重视设置悬念。学贵有疑，小疑则小进，大疑则大进。“师者，所以传道授业解惑也。”学生有了疑问，也就是所谓“惑”，教师才能将教学顺利进行下去，为学生“解惑”，使学生处于期待之中，并由此引出要讲的内容，这也有利于学生创新思维和解决问题能力的培养。

（6）趣味性原则

学生的主观能动性在学习当中扮演着非常重要的角色，学生的学习兴趣决定了他们的学习动机。学生学习兴趣匮乏，学习动机就会明显不足。反之，学生拥有浓厚的学习兴趣，思维也会随之活跃。在创设情境时追求生活性、新颖性、启发性等都是为了引起学生的兴趣。因此，情境材料的选择必须以学生的兴趣为前提条件，这样才能激发学生的内在动力，课堂也会随之活跃，原本枯燥、抽象的理论也会变得生动、形象。

（7）交互性和体验性原则

情境创设的目的就是将学生代入教学情境中来，以此来促进他们学习。教师要鼓励学生大胆使用英语进行交流，让学生获得最大的情感体验。在学习新知的过程中，也要发掘一些隐藏在课堂背后的深意，一方面可以让学生利用亲身体验来获得更多的知识，另一方面也会使整个课堂更具深度。

3．情境教学法在初中英语语法教学中的应用

（1）善于利用技术，将新兴事物运用到教学当中

技术革新为教师带来了巨大的便利。从传统的黑板到多媒体的应用再到互联网的普及，每个教室都配备了带有无线网络的电子设备，并配备电子白板。这得益于我们国家的强大，使教师的教学设备得到了革新。以往的情境教学法通过教师强大的语言功底及其教学技巧为学生营造出真实的情境，学生主要通过听和脑补从这个情境中提取信息并建构新的认知，在那个技术匮乏的年代，起到了非常好的作用。在现代，我们可以汲取过往成功的经验，配备当今先进的技术，通过数字化电子设备来创设出更加直观、体验感更强的情境，帮助学生进行知识建构。互动视频的流行也为教师的情境创设提供了更多的思路，若将其应用到语法教学当中，可能会产生更好的效果。总之，教师要学会并尽可能地利用一切先进技术来进行教学。

（2）合理创设情境，保证情境的真实性及同一性

教师创设的情境既要有主体性、生活性、新颖性、针对性、启发性、趣味性，又要保证所创设的情境的真实性与同一性。如果所创设的情境过于混乱，那么其真实性也无法得到保证。要保证情境的真实性，不仅要求所创设的情境贴合学生的生活，还必须能够与学生共情。学生时时刻刻处在真实的环境当中，但并不是所有发生的事情对于他们来说都具有真实性，只有那些他们可以感受到的能够产生情感共鸣的才具有真实性。因此，在情境创设中，我们要筛选出具有真实性的素材来创设具有真实性的情境。

三、初中英语语法教学设计步骤

（一）课前

1．分析教材

分析教材就是提炼课堂教学的重难点，了解学生前期的隐形学习内容，并结合智慧课堂技术分析该课堂需要讲授的显性学习内容，即坚持隐形—显性原

则。例如，教学内容是人教版《Go for it！》教材八年级（下）Section A的Grammar Focus-4c语法学习部分，是单元学习的第四个课时。在单元学习的第一个课时中，教师利用主题图片引入该单元的中心话题和重点语法，利用听说训练帮助学生初步建立对本单元的认识。在第二个课时中，教师利用听说活动和模仿活动帮助学生从听力和口头表达两个环节上加深对本单元的认识。在第三个课时中，教材提供了与本单元话题相关的阅读材料，帮助学生从阅读的角度更充分地认识本单元的话题。教材并非直接将语法结构放到学生面前，而是通过听、说、读、看四个方面隐性地引导学生感悟、体会本单元的主要话题和重要语法结构，为第四课时的显性语法教学提供坚实的基础。

2. 分析学情

分析学情，即按照主体性原则，充分考虑学生的隐性学习情况，从学生主体出发，对智慧课堂技术使用进行有效选择，如此既坚持了主体性原则，也是适度性原则的有效体现。仍以前述教学内容为例，通过前三个课时的听、说、读、看训练，学生已经对本单元的重点语法有了充分的感知。但是，学生具体掌握情况如何，需要教师通过前三个课时的作业进行了解。学生在完成好前三个课时的作业后，教师进行统一批改，并扫描到智慧课堂系统中进行学情分析，了解学生的学习情况，并为语法课的教学设计做好准备。

3. 设计教学

教学设计环节则是基于教材和学生分析，在课前进行的最重要的一个环节。在这个环节中，教师需要根据学生的学习情况制定出有针对性的教学设计，以学定教。教师在课前需要对本课时内容进行分析，抓住语法课的教学重点并把握住教学难点，分析好知识与技能、过程与方法、情感态度价值观三个大方面，设计出一个符合学生年龄、心理特点、认知层次的课堂设计。同时，教师需要根据适度性原则，正确选择智慧课堂技术，做到有目的、有计划、有节制地运用智慧课堂技术辅助教学，并在课中加以实现。

（二）课中

人教版《Go for it！》教材Section A的Grammar Focus-4c为该单元第四课时，语法教学部分一般主要分为单元重点句型引入、限定性练习、非限定性练习、开放式小组练习四个部分。根据这四个部分的特性，语法课的教学模式主要分成以下三个课堂教学环节。

1. 了解学生隐性学习情况

通过前三个课时的学习活动，如听说练习、短篇阅读等教学活动，学生对本单元的重点语法句型已经具有初步感知，教师在这三个课时中为学生提供了学习情境，实现了隐性语法输入。在第四课时语法教学中，教师首先需要帮助学生回忆前三个课时学习中所接触的语法知识，唤醒学生的隐性知识。接下来，教师向学生展示出现在 Grammar Focus 中的本单元重点句型，正式将隐性语法知识显性化。此时，学生在前三个课时的学习中，已经对本单元重点句型有所感知。但是，掌握情况如何，就需要教师利用智慧课堂技术进行大数据收集，了解学生的学习状况，并利用数据及时调整接下来教学过程中的重难点，实现以数据定教。

2. 检测学生语法学习成果

引导学生通过类比、归纳、总结本单元重点语法知识后，教师需要通过相关活动检测学生掌握本课时教学重点的情况，了解其是否将所学知识真正内化。教师通常会发现，在常规语法课上，对于学生的完成速度和完成情况是无法做到及时监控的，很多时间都浪费在等待学生完成练习上。此外，在核对答案环节，教师公布答案的方法简单粗暴，要么直接将正确答案写在黑板上，要么直接口头公布答案。第一种方式耽误时间，第二种方式则不够直观。相反，利用智慧课堂拍照上传的技术一方面可以通过交互式电子白板展示学生答案，既节约时间，又可以直观地帮助学生核对答案，并做好批注；另一方面作为一种督促可以了解学生完成情况，并及时进行教学环节的调整。

3. 实现师生、生生互动

在小组活动环节中，利用智慧课堂技术帮助学生对发言学生进行评价，引导学生关注小组发言的质量以及是否完成教师布置的任务。以同伴评价的方式代替教师评价，实现学生之间的互动。智慧课堂将学生的自主性放在了教学的中心地位，从学生的角度去体验学习。

（三）课后

课后环节，教师主要完成对教学范式的反思，以实现对策略的改进、范式的调整，并促进教学质量的提升。同时，在学生层面，学生需要完成本课时相应的作业，以帮助教师检测教学效果。教师在完成作业单批改后，将作业单扫描输入到智慧课堂系统中，得到学生学习情况。根据智慧课堂整理出的学生学习数据，对部分学生进行单独辅导。此外，教师根据学生作业反馈情况，给不同层次的学生提供可以进行拓展的练习，确保教学质量。

第三节　核心素养下初中英语语法教学策略

一、加强微课的运用

（一）语法微课设计原则

第一，以学习者为中心的原则。学生是学习的主体者，所有的微课学习都围绕着学生的学习活动开展。所以，在设计微课时，一定要以学生为中心，仔细分析学生的学情。教师应根据教学对象的年龄、认知水平、情感态度、学习能力等情况，结合教学的内容，确定恰当的符合学情的教学目标和适合的教学重点和难点。同时要注意的是，微课应用于语法教学时，要以学生为中心，同时也要发挥教师的主导作用，在学习过程中辅导学生，指点答疑。在微课的表现形式上，也要以学生为中心来设计。由于学生的注意力时长有限，在微课的内容设计上，应贴近学生生活，关注学生的兴趣点，增强学生的学习兴趣，提升学生的学习专注程度，最终促进学生语法素养的提升。

第二，内容选取科学原则。并不是所有内容都适合用来设计成微课。针对九年级语法复习教学的微课，应该以教学重难点为核心，精简内容。微课容量小，一节微课一个小专题，难度适中。难度系数过高，学生理解起来困难，超出其自学能力范畴；难度过低，则难以服务于语法教学目标，学生自学的热情和成就感也会较低。一节微课教案编写和 PPT 制作微课教案应该包括一个完整教案、教学目标、内容、学情的分析，以及教学的基本步骤，所使用的教学方法，教师提出的主要问题等，而且教学流程的设计一定要控制在 10 分钟内。在这个时间段内，微课要围绕一个具体的知识点来展开设计。教学内容设计应短小精悍，贴合教学目标，有激趣导入、知识讲解、应用练习和巩固反馈这几个环节，层层递进。

第三，趣味性原则。微课作为一个时长短、内容精的教学方式，需要迅速抓住学生的注意力，引起学生对所学知识的兴趣，从而激发他们的学习动力。要实现这一点，必须在微课的兴趣导入部分设计适合学生的内容和形式。可以使用图片、动画、视频、音频等有趣的方式来进行课堂导入，激发学生探究的兴趣，再引入教学内容。在课堂教学过程中，也可运用启发性、探究性的问题，来增强学生的参与度，激发学生的思维，提高学生自主学习的能力。

（二）语法微课设计

1. 确定主题

选择微课的主题要聚焦到某个问题点或解决一个问题、说明一个概念等：①选择“聚焦”的知识点；②将大课题分割成几个小的主题分别制作；③每个微课主题涉及的知识范围不能太广，保证能用3—10分钟讲清楚。

2. 选择类型

微课同样要有一个完整的教学过程，不同类型的微课包括的环节也不相同。①讲授型微课包含课程引入部分（可以使用情境引入或者复习知识点引入），课程主体部分（课程内容），课程结尾（可以提出一个问题或任务，给出反馈途径）。②专题型微课包含多知识点的多种方式展现，如图片、视频、音频等。③启发类微课包含情境的交代、问题的提出。④演示型微课包含实验流程设计、具体操作、实验现象及结论。⑤习题讲解类微课包含题目介绍、解题过程、答案、总结等内容。微课的教学过程设计需要融入教师的教学法知识，因此可以根据课堂设计的想法来进行微课的设计。

3. 设计脚本

制作微课需要制定脚本大纲，它包括画面出现的先后顺序、配音文字、画面布局、素材形式以及时长等内容。脚本大纲的制定要以教学目标为出发点，以学生需求和特点为基础，针对教学内容设计适合的脚本。

（三）语法微课开发

确定好了教学内容、教学目标和脚本大纲后，应按照微课的设计原则进行语法微课的开发。

1. 收集素材

微课制作的素材主要分为三类：视频素材、图片素材、文本素材。素材丰富，但需根据教学目标及生情进行取舍。

2. 制作课件

制作课件时主要考虑课件的排版、色彩、动画、演示逻辑结构。可以使用Power Point进行课件制作，如果用万彩动画大师、FOCUSKY动画演示大师也需要考虑课程的可视化效果、配音的自然性、内在逻辑性、课程内容的趣味性等。

3. 生成视频

使用 Power Point 生成视频，或者使用软件直接生成视频，注意制作或生成视频画面的清晰度选择 720P 以上，视频画面比例设计为 16 ：9，便于播放器播放或者上传网络学习。

4. 后期剪辑

对已经生成的视频进行后期编辑。例如，添加片头、片尾、音效、字幕等，一个微课就制作完成了。视频编辑软件有爱剪辑、爱拍、PR 等。

二、加强语篇策略的应用

（一）语篇策略在初中英语语法教学中的可行性

语言的基本要素之一的语法就是按照规定的法则来运用词汇、句型等。语法是从众多的句子中抽离出来的共同表达规则，具有概括性和抽象性的特点。然而，对于语法的概念界定学术界一直存在着不同的观点，不同的语言学家分别给出了自己的见解。

英语语法可以以时间线索为标准分为传统语法和当代语法。一些语法流派在近代以来悄然出现并逐渐成为主流，如强调格式的结构语法、注重形式变换的转换生成语法、体现灵活的交际语法、展现自然语言的蒙塔古语法和内涵丰富的短语结构语法。语法主要存在于词语之中，增加或者减少一个单词的个别字母就可以实现词性的变化，这其中的变化总是有一定的规律和方法可循。例如，将一个事物名词变成一个人称名词，一般都是在事物名词后直接加“er”，如“work”→“worker”。语法包含词汇变形以及词组句两个方面。在英语中，存在一些基本的句型结构：主语 + 谓语结构的句子、主语 + 系动词 + 表语结构的句子、主语 + 动词 + 宾语结构的句子、主语 + 动词 + 间接宾语 + 直接宾语结构的句子、主语 + 动宾 + 宾补结构的句子。从中可以发现，不论句型如何变化，句子中最主干和核心的部分主语和动词始终是存在的，在万变之中的不变规律就是语法的构成部分。

“形”就是形态的变化，“意”是所表达的语意的内涵、“用”是如何使用词汇组成句子，如何用句子展现出说话者想要表达的语意，这三个层面由点到面，由具体到抽象，环环相扣。首先，词汇本身变化的规则是语法的主要构成要素；

其次，语法的构成要素的变化法则也是极为重要的内容；最后，在语篇中由词汇变形以后得到不同词性的词所组成的句型的规则也是语法的主要构成要素。

（二）语篇策略用于初中英语语法教学的原则

1. 系统性原则

语言就是一个系统，在语言中的语法则是这个系统的表现形式。初中英语语法教学应根据语法变化的逻辑规则和认知水平的发展逐步进行，全方位培养学生的逻辑思维能力。任何语法的学习都是一个逐步深化的过程，因此，初中英语语法教学必须符合系统性原则。

2. 交际性原则

初中英语语法教学就是为了培养和提高交际能力，语法教学要尽可能创设真实的教学环境，在真实或者模拟的交际活动中用语言认识、理解语法，在语篇中掌握语法的基本规则，在语言实践中运用所学的语法规则，在真实的交际情境中将语法规则内化。基于语篇策略的语法教学受语篇交际性特点的影响，因此我们必须把握交际互动的准则。交际性功能是语篇和语法的共同特征，语法最原始的作用就是规范语言，而语篇又是由交际中的语言构成的整体，只有将其运用到真实的语境中，才能提高初中英语语法教学的效率。

3. 综合性原则

语法本身就是一个完整的系统，语法教学中要将能力、目标、内容、过程、方法以及运用等有机结合。首先，将听、说、读、写、看五大技能有机地运用到初中英语语法教学中去；其次，将归纳法和演绎法相结合。归纳法主要是从众多的个例中逐个分析其中的共同点，最后得出一个概括性的结论，主要用于总结语法规律。演绎法是从具有整体性特点的事物中分析出适用于单一事物的结论，旨在探索发现个案中的语法法则。

4. 激励性原则

激励性原则强调教师要注重激发学生运用语篇策略的能力，由此教师在教学过程时要注意：给学生更多展示的机会，让学生自我发现部分语法规律，给予学生鼓励与帮助；语法练习的环节要贴合学生的身心特点、认知能力和接受方式；减少传统的机械训练，设计富有创新性及有意义的语法操练环节。

5. 变化性原则

由于语法中含有大量枯燥、杂乱的规则，学习者对于语法的学习兴趣常常较低。而初中英语语法教学的变化性原则就是指语法教学的各个环节，如语法话题的选择、语法知识点的呈现方式、语法练习的形式等各个方面都要多种多样，丰富课堂活动，增加初中英语语法教学课堂的活力。

（三）语篇策略用于初中英语语法教学的方法

1. 演示法

演示法是指教师通过直接讲解语法知识后，给学生布置有关的语法操练任务。演示法便于学生理解，但是教师在课堂中主要扮演讲述者的角色，教师对于学生的任务活动部分参与程度较低，对于教材和教师的依赖性很大，会影响学生的自我学习能力，增加学生对语法的抵触情绪。

2. 总结法

总结法是指学生接触含有语法知识的语篇，然后在教师的帮助和指导下归纳出语篇所呈现的语法规则。总结法有助于增强学生语法学习的积极性，提高对于语法的理解能力，深化对于语法的认知，也有助于提高学生的应用分析能力和概括能力。然而，这种方法对于学生的要求过高，学生必须具备很强的学习动机，才能主动学习语法。

3. 指导发现法

学生通过观察后在教师的帮助下呈现语法句型并厘清具体的语法规则后，教师再帮助学生强化所发现的语法，最后教师还需创设语境给学生运用和展示语法的机会就是指导教学法。这种教学法适用于英语能力较高的学生，教师需具备丰富的课前准备、灵活的课堂调节和认真的课后反思能力，在实际的教学中实行难度较大。

三、加强翻转课堂教学模式的应用

（一）翻转课堂的定义

翻转课堂是在“Flipped Classroom”“Inverted Classroom”基础上翻译而来的，有部分学者将其翻译为“颠倒课堂”。2011 年，可汗学院（Khan Academy）创始人萨尔曼·可汗（Salman Khan）在 TED 大会上的演讲报告《用视频重新创造教育》中提到：很多中学生晚上在家观看可汗学院的数学教学视频，

第二天回到教室做作业，遇到问题时则向老师和同学请教。这是与传统的“老师白天在教室上课、学生晚上回家做作业”的方式正好相反的课堂模式，我们把这种模式称为“翻转课堂”或“颠倒课堂”。自此“翻转课堂”成为教育者备受关注的热点，并被加拿大的《环球邮报》评为“2011年影响课堂教学的重大技术变革”。

翻转课堂是指教育工作者以多媒体信息技术为平台，在课前把所要讲授的内容录制成微视频，学生根据自身情况掌握学习节奏。在此学习模式下，学生可以有更多的时间进行课前学习，学习方式变得更加灵活与自由，课堂变成师生、生生交流互动的场所。

翻转课堂教学模式的兴起是对传统教学模式的一种挑战。在翻转课堂教学模式下，课堂讲授环节被移到了课前，课中答疑解惑，大家把课前观看微视频自学过程中遇到的问题以小组合作讨论的方式来解决。如仍有疑问，教师则需发挥引导作用，帮助学生解决问题。翻转课堂是以信息技术为前提，教师设计教学微视频和相关学习资料，学生课前自学完成知识传递环节，课上教师引导学生解决学生自学环节中的疑难，完成知识内化，以期改善传统教学现状、提高教学质量、培养学生自主学习能力和协作能力等、实现学生全面发展的一种教学模式。

（二）翻转课堂的教学模式

1. 罗伯特·塔尔伯特的翻转课堂教学模式

美国富兰克林学院的罗伯特·塔尔伯特（Robert Talbert）在推广运用翻转课堂教学模式上取得了较好的效果，在多次实践后概括出翻转课堂教学模式的特点。罗伯特·塔尔伯特提出，翻转课堂教学实施包括课前和课中两个阶段。在课前阶段，学生提前观看教师录制的视频，并进行有针对性的练习；课中阶段，教师引导学生解决课前学习中遇到的问题，最后是教学总结反馈。

2. 张金磊等人的翻转课堂教学模式

南京大学教育研究院的张金磊的教学模式是在罗伯特·塔尔伯特设计的教学模式基础上构建的，依据翻转课堂的特点以及建构主义学习理论的相关观点，构建出问题情境式教学模式，该教学模式也包括课前学习和课中学习两部分。在课前，学生提前学习并练习；在课中，教师为学生答疑解惑并形成富有个性化学习的氛围和有利于合作学习的良好课堂氛围，最后进行成果分享和反馈评价。在这个模式中，有两个强有力的支柱：多媒体技术的支持和相应学习活动的开展。这两大支柱是良好的合作学习环境构建的前提和基础，是创建翻转课堂教学模式及学习环境不可或缺的组成部分。

3. 钟晓流等人的太极环式翻转课堂教学模式

清华大学信息技术中心副总工程师钟晓流等人创建了太极环式翻转课堂教学模式。该教学模式以“学生遇到的问题”为核心展开，整个过程细分为四个阶段，依次为教学准备、记忆理解、应用分析及综合评价。其中，前两个阶段如备课、录制微视频和学生自主学习活动等发生在课下，后两个阶段主要是让学生内化所学知识、构建自己的学习体系以及反馈学习成果等，这两个阶段的活动发生在课堂上。

第五章 核心素养下初中英语听力教学

本章分为初中英语听力教学概述、初中英语听力教学设计、核心素养下初中英语听力教学策略三部分。

第一节 初中英语听力教学概述

一、英语听力教学研究

（一）国外英语听力教学研究

1. 对英语听力起步阶段的研究

国外关于语言听力教学从20世纪末就开始研究了，美国语言教育家斯蒂芬·克拉申在20世纪70年代末提出了一些关于英语学习的相关理论，并对一些概念进行了区分，如学得和习得的区分，输入、监控、情感过滤之间的排列顺序。克拉申的理论是对20年来英语学习的系统整合，为日后的教学提供了理论依据，并且对教育教学的方式方法有着深远的影响。克拉申认为语言学习是一种输入假说，为学生语言学习提供了便利的语言输入环境。相较于学生现有的语言技能水平略高的第二语言输入，就是他提倡的“i+1”语言学习模式。在英语教学中，英语听力能力在教学中是非常关键的。

2. 对英语听力发展阶段的研究

人们对所学的其中一种语言的听力过程，以前一直被认为是一种被动的过程，后来慢慢转变为被专家学者广泛认可的主动过程。因此，国内外学者专家对听力研究的重点从之前的只注重听力结果延伸到也注重听力的过程。在听力教学中，教师将听力学习技巧和使用的方式方法教给学生，所以学生的听力能力有所提升。听力成绩优秀的学生可以更好地将认知策略和元认知策略相结合应用到听力学习中去。综上所述，如果对学生更有针对性地传授听力学习的技能和方法，可以更高效地提升听力教学的水平以及英语语言学习中听力的能力。

在2000年和2003年，英国语言学家亚蒙•哈默分别在《如何教英语》和《英语语言教学的实践》中明确指出语言学习要有综合运用的能力，在英语教学中，英语听力能力的培养尤为重要。关于听力学习，他提出以下原则：第一要在听力之前做好预习准备；第二要调试好上课有关设备；第三是循环音频多次播放；第四是听力内容要与学生的学习进度一致；第五是听力的音频材料要与学生学习和掌握程度相符合，使得学生感兴趣；第六是鼓励学生对听力材料做出反应，而不只是对语言做出反应。

总结以上观点得出，国外对于英语教学的关注点在于语言综合运用能力的培养。一些语言学家提出相应的教学理念和教学方法，即语言学习要以一定的语言环境为基础，重点培养学生的听力能力。语言学习要接近真实情境的活动，并且要带动学生融入学习环境，驱动学生的内部驱动力进行英语听力的学习，同时提升学生的英语交流能力。

（二）国内英语听力教学研究

1. 对英语听力策略的研究

国内对听力策略的研究始于20世纪80年代。网络信息化技术自20世纪末开始兴起，其被用来进行语言学习和教学的时间才短短数十年，国内针对学生及教师在信息化背景下的听力教学和学习研究还处于初始阶段，前人的研究成果相对较少。目前，我国学者对英语听力教学的相关研究大部分属于描述性研究，采用介入性方法进行调研还处于摸索阶段，当前仍没有一个系统性且相对成熟的英语听力教学和学习方法体系可供师生参考。英语听力教学中教师使用较多的方法就是使用资源播放器播放听力材料，学生根据相应的题目完成相应的练习题目。基于此教学方法，学生只能处于被动学习状态，导致学生听力水平有限，用英语交流仍然显得十分困难。但随着时代的发展，听力教学正逐渐受到师生及教育界人士的重视。20世纪末，部分教学研究者着重对学生的英语听力学习方法与听力水平的相互关系开展调查研究和分析工作，研究结果表明，听力方法对听力水平提升具有正向作用。2000年之后，国内对英语听力教学方法的相关研究层出不穷，相当多的学者根据其成果倡导或开始探索将英语听力教学技能方法融入贯穿到课堂教学中。可以发现，对学习英语的学生开展听力方法的教学是极其重要的，对于不同水平的学生应该鼓励使用适合其自身水平的听力学习方案，提高学习的内驱力，但是这种听力教学方式要以学生主体和个体特点为起点，并且与我国过去的语言教学方式相去甚远，在实际开展过程中难免阻碍重重，事倍功半，因而一些实验研究的结果也并不理想。

2. 对英语听力应用计算机辅助多媒体技术进行教学的研究

从 20 世纪 80 年代开始，我国计算机等多媒体教学方式发展迅速，使用计算机多媒体为英语课堂教学提供了信息化的教学环境，同时也调动了学生学习英语的兴趣。部分学者或教师也开始探索在英语听力教学中整合计算机辅助多媒体技术。研究结果显示，相较于传统的单一课堂教学模式，多媒体辅助英语听力教学模式确实显现出明显的优势。但是，在多所学校应用多媒体辅助教学的环境下，也有研究结果表明计算机多媒体在国内的使用和推进中面临很多挑战，如一些年龄比较大的教师对信息网络与课堂对接存在质疑。还有一些研究显示，虽然信息化网络的使用能使课堂更生动活泼，但是，人与网络计算机等多媒体之间的交流并不能完全代替老师的教学效果，多媒体信息化教学的方式和传统课堂的教学方式应该充分发挥各自的优势、相互促进，更好地实现英语听力教学效果。

近年来，国内学者对听力教学的方方面面进行了大量研究，有了很大的进展。但是，通过与国外听力教学研究对比和大量阅读文献发现，国内研究的主体大多数是大学生，并且实证研究稀少，所以理论研究并没有实际数据的支撑。此外，学术类听力目前还没有相关研究，互动听力也很少涉及。所以，听力教学还是一个有研究潜力的课题。

二、初中英语听力教学的理论基础

（一）会话含义理论

语用学在 20 世纪六七十年代开始与语言学分割，成为一个独立学科。会话含义理论由美国语言哲学家格赖斯（Grice）于 1967 年正式提出。格赖斯表明，在会话双方进行交际时，为了使对话顺利完成，参与交际的说话人和听话人都心照不宣地遵循合作原则；但是，在真正进行语言交际活动时，人们也可以违反合作原则。当交际双方有人违反了合作原则时，其他人便需要通过推理来判断隐匿于话语字面意义下的深层意义，于是格赖斯的会话含义理论应运而生。会话含义理论包括三个部分：自然意义与非自然意义、话语含义和合作原则。

1. 自然意义与非自然意义

格赖斯是著名的语言哲学家之一，语言哲学家对意义这一概念的研究较多，他们认为语言所表达的含义取决于语言的具体使用情况，也就是根据语境推断语言的意义。格赖斯把意义划分为自然意义和非自然意义。格赖斯通过对自然意义与非自然意义的对比，将说话人的意图观点与意义分析相结合，深化了意义研究。

（1）自然意义

自然意义主要是语言本身的含义，也就是字面之意。自然意义的定义为：“x meant that p and x means that p entail p。”（x 意味着 p，同时 x 也意味着 p 所蕴含的事物）这句话的意思是，x 包含 p 这个词语，也包含 p 表达的事物和它包含的意义。

（2）非自然意义

非自然意义表示句意含有人为的约定，它与自然意义相反。非自然意义的定义是“A $meant_{NN}$ something by X（A 通过 X 非自然地意指某物）”。

2．话语含义

话语含义包括两部分：一是词语的规约含义，它是指从词语的常规使用中获得的意义；二是词语的非规约含义，它依赖于语境和背景知识。因此，要分析话语在交际中的意义，就要研究话语的规约含义和非规约含义。

为了将二者进行区分，我们通过一个例句来阐述。例如，F 对找工作失败的 H 说：“三百六十行，行行出状元。”这句话所表达的字面意义是：“工作有很多种，每一种工作都有精英人才。”这种意义能通过语言知识而不是语境来获得，它是话语的字面意义。这种无须考虑话语的语境或背景而推导出来的意义，也被称为话语的“规约含义”。显然，联系这句话的背景可知，说话者想要表达的内容并没有那么简单。结合实际状况可以推断出 F 对找工作失败的 H 所传达的真正含义是：“此处不能出人头地也没关系，只要相信自己，一定会找到其他职业，得到更好的发展。”这句话所表达的真正意义就叫作话语的“非规约含义”。

将话语的规约含义和非规约含义进行对比可知，研究主要涉及的是话语意义中的非规约含义。因此，人们分析对话时要与语境紧密结合，通过分析说话人的意图和观点，透过字面意义了解其所表达的真实含义。

3．合作原则

格赖斯于 1967 年提出了会话中的“合作原则”。格赖斯将合作原则定义为：“我们可以提出一个沟通双方都应该遵循的一般原则，即在对话的每一个阶段，都应该根据沟通的目的或方向做出自己应有的贡献，也就是遵循合作原则。”合作原则不是强硬的规则，而是会话交际过程中一种默契的参与会话的双方自觉遵守的会话规则。合作原则包括量准则、质准则、关系准则和方式准则，以下为各条准则的具体内容。

（1）量准则

量准则要求会话双方所说的内容要适度，量不多也不少且能准确地回答问题。

（2）质准则

质准则要求参与会话的人要说符合事实、不夸张的话，对话的内容要可靠不虚假。

（3）关系准则

关系准则要求参与会话的人要说与会话主题相关的话，不能说与交际目的不相关的内容。

（4）方式准则

方式准则要求说话的内容要清楚简练、有条理，避免因为歧义而产生误解。遵循合作原则和相关规则是能够成功对话的基础。格赖斯通过合作原则帮助人们理解说话人想要表达的真正意图，因为在交谈的过程中如果有人故意违反了合作原则，他是在用隐晦的方式表达自己关于某事的真实态度或真实意图。所以尽管参与交谈的人违背了合作原则，另一方也仍然可以结合自身的常识和说话人的语气以及对话所处的语境来判断说话人想要表达的真实含义。

综上所述，合作原则是人们在交际活动中自觉遵守的行为准则，它要求参与者在交流过程中要说符合交谈目的和交谈方向的话语。在了解合作原则的具体内容后，人们能够根据对话的特点，分析说话人是否含有言外之意，也能根据具体内容，推断说话人的观点和态度。

（二）动态系统理论

动态系统理论（Dynamic Systems Theory，DST），又称“复杂系统理论”或“复杂动力学系统理论”，是根据特定规则描述和解释随时间变化而变化的复杂系统。其源于一个纯数学范式，用以描述时间流逝过程中系统内部主要性能的改变。由于 DST 成功解释了自然界和人类行为的各种现象，因此被广泛应用于各种领域，如金融市场预测和社会科学。就动态系统理论的定义而言，有学者发表了如下见解。

美国发展和认知心理学家霍华德·加德纳（Howard Gardner）认为动态系统理论主要研究如何从一个复杂自然或非线性系统中脱离混沌进入系统状态。动力系统随时间而发生演变，并具有不确定性，不断变化是 DST 最典型的特点。

动态系统理论将自然界视作一个系统，由于其中变化一直存在，因此，可视其为动态系统。自然界由许多子系统组成，子系统与其他子系统之间相互作用和交流，构成了整个自然界。系统没有一个稳定的状态。当系统中的某一变量发生变化时，其他变量也会受到影响。

动态系统通常在三个范围内展开讨论：动态系统理论、复杂系统理论以及涌现主义。其中，动态系统理论多用于数学领域，复杂系统理论多用于气象学和生物学领域，涌现主义多用于语言习得领域。尽管各自的名称、讨论范畴各有不同，但这些理论都指向同一个动态、遵循非线性发展轨迹的复杂系统。

动态系统理论具有四项显著特征：系统的全面联结性、系统的非线性发展、系统对初始状态的敏感性与差异性、系统的自组性与吸引状态。

1. 系统的全面联结性

全面联结性主要指系统内部的各个变量彼此联系、交互影响，任一变量发生变化，都会影响其他的所有变量，甚至是整个系统，即“蝴蝶效应”。由此可见，能力的发展与变化不单单取决于某一变量的发展程度，而是各变量之间交互作用与促进的结果。

英国应用语言学家斯基汉（Skehan）的选言模式与以上观点相吻合。斯基汉的选言模式主张同一学习成效可通过不同的途径达成，一个变量的增强可带动其他变量的相应增强。换言之，同一结果可采用不同的路径，而不同的路径则取决于各项能力的多种组合方式。

众所周知，外语学习者的中介语系统受制于一系列因素，如母语、语言潜能、环境、年龄等的影响，二语习得的结果不是由某一因素或某些因素导致，而是不同因素间的交互与联系。因此，系统的全面联结性有助于英语教学研究的深入开展，从而更加全面地探讨影响英语学习效果的诸多因素以及各因素之间的关系。

2. 系统的非线性发展

系统的非线性发展即由于各变量间的相互关联与交互，系统的行为和发展路径变得不可预知，系统的输入与输出不再呈现固定的比例关系。在过去的三十年中，以瑞士语言学家索绪尔（Saussure）和美国语言学家诺姆·乔姆斯基（Noam Chomsky）为代表的还原主义几乎在传统的二语习得研究中处于主导地位。拉森·弗里曼指出，线性还原论的主要原理是通过一种单独的方式来分析整个现象，而不能解释第二语言习得中复杂变量间的动态变化。也就是说，语言习得的发展是非线性的。非线性作为数学的一个基本术语，解释了导致效果不均匀的事实。语言系统作为一个复杂的动态系统，其发展具有非线性的特征。在学习者的能力发展过程中，其显现的不同问题实际体现了能力变化的本质，而非简单的数量改变与层次递进。

3. 系统对初始状态的敏感性与差异性

系统对初始状态的敏感性主要指各个初始条件的微小差异可能对未来的系统发展产生极大影响；差异性则指系统的各个子系统由于遵循各自的发展轨道自组发展，因此其系统行为将不可避免地产生差异。例如，语言磨蚀前的语言熟练程度是磨蚀的初始条件，因此，若其他因素保持不变，语言磨蚀的数量和比率也主要取决于语言的初始熟练程度。然而，若其他控制因素发生改变，具有相似语言熟练初始程度的个体之间则可能出现显著差异。

以动态系统理论为视角，可将母语影响视为系统的初始状态，母语的作用恰恰显示出二语系统对初始状态的敏感与依赖，该敏感性在系统的发展过程中逐渐成为阻碍系统发展的主要因素。

4. 系统的自组性与吸引状态

系统的自组性主要指一种“存在于恒动、开放系统内，自发产生模式之间变化”的特性。由于自组性，系统往往会处于两种状态：一种为吸引状态，即系统被某种因子所吸引，从表面上看处于停滞状态；另一种为相斥状态，该种状态中的系统则处于剧烈的动荡之中。

动态系统的“吸引状态”可以帮我们从一个新视角去理解二语学习中的中介语僵化现象。动态系统理论认为，停滞恰好代表了系统的吸引状态，它是一种动态平衡，也是系统发展的必经状态，但值得注意的是，停滞不等同于静止的终极状态，系统在停滞的下一刻很有可能开始运动。

综上所述，动态系统理论起源于自然科学领域，由于其具有的特殊性质，之后被广泛应用于社会科学等领域的研究。该理论认为系统由多个子系统组成，其具有非线性发展、全面联结性等特点。与之相近，语言系统也具有诸如此类的特征。语言中的子系统与系统、其他子系统之间相互联系，相互影响，处于不断变化和发展的状态。因此，将动态系统理论作为二语习得研究的理论基础和研究视角，能够更加全面、系统地反映影响语言习得的各方面因素，从而加强对多因素之间交互关系的关注。

三、初中英语听力教学的重要性

英语听力在初中英语试卷中大约占据20%的分数，它成为很多听力水平不错的学生的加分项，但对于听力水平比较薄弱的学生而言，英语听力则成为其英语学习中的绊脚石，更可怕的是还会让一些学生产生厌烦英语学习的心理。所以，在当前英语听力教学中，在引起学生对英语听力重视的同时，教师要敢于创新教学方法，使学生产生学习英语听力的兴趣，使英语听力成为英语学习中的加分项、优势项，提高初中生在英语学习中的自信，万万不能让一些学生在最初的英语听力学习中丧失信心，因为这样极易导致学生对英语学习直接丧失兴趣。

初中英语听力学习是基础，在初升高的考试中有一定的作用。高中英语听力的学习是初中英语听力学习的延续，基础如果不好，高中英语听力学习就会变得非常困难。此外，步入高中，学习科目增多，学生可用于英语听力学习的时间进一步减少，所以在初中英语听力学习中一定要学有所成，这样才能减少高中英语学习和其他学科学习的压力。大学英语听力更重要，在大学不仅有专门的英语听力考试，而且在大学四、六级英语考试中，听力的分数大概占三分之一，所以从长远来看，英语听力的教学十分重要。

第二节　初中英语听力教学设计

一、初中英语听力教学设计原则

（一）真实性原则

初中英语教师在引导学生开展英语听力训练时，最根本的原则就是真实性原则。听力教学阶段不管是在材料导入，还是为学生提供听力短视频，或者是组织学生开展听力后的相关活动，都需要保证听力内容本身的真实性，要尽可能保证听力内容贴切学生的实际生活。这样学生才可以在听力训练中接触到与生活相关、接近英美国家口音的素材，从而激活自身的学习主动性。对初中生而言，在真实的语言环境中练习更容易实现语言输出。

（二）多样性原则

初中英语教师在听力教学设计环节需要结合不同的听力内容、听力教学目标，采取多样化的方式为学生创设听力学习情境，以保证学生在听力学习中的良好体验。如果初中英语教师在听力教学设计中长时间选择一种方法，会让学生感觉听力学习很无聊，学生的抵触心理比较大。通过创设听力学习情境，更容易提高学生的接受度，如教师可以在发明创造听力内容中，为学生展示科学家开展科研的视频；在保护动物的听力题材中，为学生提供各种动物的图片等，引导学生在特定的情境中展开交流。在英语听力教学中创设情境，更容易提升学生的实践运用能力，对学生的综合发展尤为有利。

（三）启发性原则

初中英语教师在组织学生开展听力练习时，要发挥学生的主体作用，以学生为核心，注重对学生进行启发引导。教师需要对学生的实际听力水平、英语综合能力进行全面分析，结合听力材料为学生设置相对应的听力问题，同时要保证听力问题不能太难，但是也需要具备一定的挑战性。同时，教师要给学生一定的思考问题的时间，让学生能在思考中加深对听力材料的分析，从而得出正确的答案。通过问题引导，更容易带给学生启发，这对调动学生课堂学习积极性及养成勤于思考的习惯有很大帮助。

二、初中英语听力教学设计方法

（一）分层教学法

1. 分层教学的理论基础

（1）因材施教理念

我国古代伟大的教育家孔子最早提出了因材施教的教学理念。在这种教学理念下，可以了解学生的知识水平、学习兴趣等多方面因素，根据学生的水平提出相应的学习要求。因材施教要求教师对学生的学习基础进行全面了解，以学生的学习优势和基础为依据展开教学。不同的学生要实施不同的教学方案，这样才可以让每个学生都得到良好的教育。

在素质教育背景下，教师要依据因材施教理念，让学生实现全面发展和共同提高。

（2）掌握学习理论

在传统的班级授课制度中，只有少部分与教师思维相契合的学生的学习需求可以得到满足，基于此，美国心理学家本杰明·布鲁姆提出了掌握学习理论。掌握学习是指学校要给学生提供学习场所，而教师要在学习场所中给学生提供学习上的帮助，使每个学生可以在学习的过程中掌握他们需要的知识。在班级授课制度中，部分学生难以取得理想的成绩，掌握学习理论认为这并不是因为学生能力不足，而是学生缺乏帮助和良好的学习条件。布鲁姆非常关注学困生的问题，在掌握学习理论的指导下，他致力于研究学生的学习特点以及环境对学生的影响。通常来说，学生的学习情况受到多种因素的影响，最主要的影响因素是学校和家庭。基于此，教师应该给学生提供个性化的帮助，帮助学习能力较差的学生选择适宜的学习方法，帮助学生提高学习水平，这一教学理论为初中英语教师展开分层听力教学提供了指导。

(3) 最近发展区理论

最近发展区理论是维果斯基提出的。该理论认为学生具有现有发展水平和潜在发展水平两个维度。现有发展水平是指学生目前独立完成各种学习任务的实际发展水平。而潜在发展水平是指学生在教师的指导下可能达到的水平。而这两者之间的差异就是最近发展区。分层教学就是针对学生之间的差异来采取符合该层次学生学习水平的教学方法，这样让学生逐渐向潜在发展区靠近。

2．分层教学法的应用价值

(1) 落实学生的学习主体地位

在过去的英语听力教学中，教师在课堂上不会询问学生的学习意愿，只有少部分教师会按照学生的学习需求来设计听力教学内容，大部分教师是按照教学任务以及自己认为学生应该学习什么来展开教学。学生没有自主权，一直在教师的鞭策下学习发展。在新课改背景下，初中英语教师应该意识到原有教学理念的错误，在课堂上注重突出并落实学生的学习主体地位。分层教学是一种把学生作为课堂主体的教学形式，不管是设计教学目标也好，制定教学方案也好，都是围绕某个层次学生的学习水平来进行的。在这种教学理念下，教师更重视让学生依据自己的学习水平来展开符合自身学习能力的自主学习。

(2) 提高学生的学习质量

对于每个学生而言，其现有发展水平和潜在发展水平是不一样的，有些学生现有发展水平低，但潜在发展水平高。教师如果强制用统一的标准来开展教学，可能会导致大部分学生的学习效率降低。听力基础较差的学生难以跟上教师的教学进度，会出现听不懂的情况，时间久了就很容易产生厌倦心理。而如果教师降低了听力教学难度，现有发展水平较高的学生又会认为学习过于简单，无法提升自己的听力能力。学生长时间学习过于简单的内容，会在一定程度上阻碍学生学习能力的提升。教师在开展分层教学时，需要分析每个学生的现有发展水平，并精准定位进行教学。在初中英语听力教学中，不同层次学生的听力要求不同，听力材料的难度不同，每个学生都可以在合适的难度上或巩固基础知识或提高听力能力，这在很大程度上有助于学生学习质量的提高。

（3）培养学生的英语核心素养

听力作为英语基本技能之一与英语核心素养息息相关。高效的听力教学是培养学生英语核心素养的重要途径。传统的教学方法由于只重视学生的学习成绩，难以培养学生的能力，导致学生的英语核心素养难以提升。在分层教学中，教师可以针对每个学生的薄弱之处进行提升。比如A同学的读写能力强、听说能力弱，那么教师在教学时就可以把重心放在听、说能力的培养上。每个学生的能力不同，通过分层教学教师可以对每个学生的能力进行完善，每个学生都能构建起一个较为完善的能力体系，这对于学生英语核心素养的发展有十分重要的作用。

（二）任务型教学法

1. 任务型教学法的概念

任务型教学法是在交际教学法的基础上发展起来的一种新型教学方法。任务型教学法是以建构主义理论为核心而产生的新兴教学方法。教师应从教学目标出发，结合学生的具体情况以及社会对教育教学的需求而对任务进行合理的设置。学生接到教师下发的任务之后，自主制定完成方案，而后通过独立学习或小组合作等方式践行方案内容，最终实现完成任务的目的，而在这一过程中，学生的语言能力会得到显著的提升。

任务型教学法是以特定任务为驱动，将学习活动融进任务完成过程的教学方法。该方法颠覆了传统教学模式下以考试成绩为标准的评价方法，而以学生在任务完成过程中的表现来对其学习成效进行衡量。在教师的引导下，学生可以通过独立思考、团队协作等方式在完成任务的过程中进行自主学习，将学到的知识用于具体实践之中，在巩固所学的同时，进一步强化了自身的语言能力。教师应以教学目标为基准，在课堂上对实际生活中的语言情境进行模拟再现，引导学生在该情境中利用所学到的语言知识来完成任务，全面提升学生的语言应用能力。应以任务完成度以及在完成任务过程中的表现两方面来对学生的学习成效进行评价。

任务型教学法要求教师依据教学内容和实际生活需求设计出合理有效的教学任务，给学生创设与日常生活密切相关的真实语境，提升语言教学的趣味性，使学生可以主动地投入语言学习的小组活动中，合作完成学习任务，并在此过程中巩固所学知识，提升语言能力。教师对学生语言习得的评价，不单看分数结果，要重点关注学生在完成任务中的表现，重视学生语言综合能力的提高。

2. 任务型教学法的教学模式

在现有的任务型教学法实践案例中，教学模式影响较大的有两种，一种是英国语言学家简·威利斯（Jane Willis）提出的设计模式：他将任务型教学法划分为三个阶段，依次是任务前、任务环以及语言聚焦。任务前阶段主要包含三项内容，一是对任务的内容以及价值进行概述，使学生可以对任务形成初步的了解；二是展示任务相关的数据信息素材，使学生对任务目标以及教学内容产生直观的认知；三是通过对数据信息的剖析来引导学生在任务导向下自主开展学习活动。任务环阶段同样可进一步划分为三个环节，依次是执行任务、任务总结以及汇报。设计科学的任务可以帮助学生提升其语言运用能力，为后续学习的开展提供有力的支撑。在任务总结环节，学生可以对自己在执行任务过程中的表现进行总结，并对任务完成情况进行梳理，为最终的汇报环节准备相关的材料。在此过程中，教师只起到引导及辅助的作用，并不直接参与学生的自主学习之中。语言聚焦阶段主要是对之前的任务完成情况进行检验，并侧重于突出语言应用的精准度。

另一种是英国应用语言学家斯基汉（Skehan）提出的任务型教学模式，主要可划分为任务前、任务中以及任务后三个阶段。任务前阶段所要完成的主要目标是对教学内容进行重构，在此基础上设置任务、组织教学活动。任务中阶段的内容主要有执行任务、编制任务报告。这一阶段所设置的任务应具体到每一个学生，确保每个学生所需完成的任务不会完全一致，但各个任务之间还需具有一定的联系，形成完整的任务链。随着学生学习进度的不断推进，任务的设计也应该逐渐加大难度，提高层级。就斯基汉的观点而言，执行任务环节的主要目的是提升学生语言能力的准确度及流畅程度。教师需要结合教学目标，综合考量学生的语言水平、接受能力以及兴趣爱好等多方面的因素，对任务进行科学合理的设计，进而使学生可以在完成任务的过程中全面提高应用语言的准确度及流畅度。任务后阶段则主要包含两项内容，分别是分析以及练习。分析指的是在任务完成后，首先重点强调语言使用的准确程度，以演讲、测试等方式对学生的语言能力进行检验，并结合检验结果逐一进行分析；练习则指的是在分析的基础上，强调语言应用的次序，通过重复性练习加深对语序的理解和认知。在任务后阶段，教师不仅要对任务的完成情况进行考核，还要关注任务的执行过程以及后续重复性任务练习的成效，以达到提升学习效果的目的。

不管是威利斯模式还是斯基汉模式，任务型教学法均呈现出明显的阶段性特点，通常可分为前、中、后三个阶段。在任务前阶段，教师需先对任务内容以及判断任务是否完成的标准进行介绍。在任务中环节，教师依据设计好的任务，合理安排时间并按任务难度和学生的语言基础给学生进行分组。而且在任务实施过程中，教师要时刻秉持“学生是教学活动主体”的理念，教师主要维持课堂秩序和引导启发学生去完成任务，要让学生最大限度地发挥主体作用合作探究完成任务。还要在课堂上留有足够的时间，让学生对小组合作完成的结果进行汇报总结，要尽可能地照顾到每一个小组，确保大多数学生有表达的机会。在任务后阶段，随着任务的结束，我们要回归课堂教学目标，有针对性地进行语言点精讲分析，并对学生在任务阶段的表现进行有效的评价，不光评价学生任务完成的质量，还要重视实施任务过程中学生的表现。

3. 任务型教学法的评价方式

任务型教学法的评价和内容是灵活的，师生共有一个明确而具体的努力目标，通过任务完成过程中的表现以及任务完成情况对学生语言学习的成效进行考核，学生在课堂上完成教师设计的各种任务，教师需对学生在完成任务过程中的表现进行点评，并鼓励学生进行自评。任务型教学的评价标准不是单一依据学生的成绩来做一个终结性评价，而是一个关注学生语言综合能力发展的形成性和发展性评价。

任务型教学法的评价应具备六个特点：①师生有共同、明确、具体的努力目标，学生明白他们要完成的任务，清楚地知悉任务目标以及完成标准；②考查学生实际语言运用能力，而不仅仅是语言知识的掌握情况，要能突显任务型教学的真实性和形式与意义相结合的原则；③学习过程与评价过程结合，在学生完成任务的过程中就给予即时的评价，而不是单靠最后以测验为主的终结性评价；④全体学生参与评价活动，学生不光是被评价者也是评价者，促进学生互相学习、自主学习；⑤多维度、多角度地对学生的语言运用能力、综合素养等进行考核；⑥在任务的内容以及模式的基础上，学生可以根据学习需求或自身喜好自由选取，在一定程度上推进了个性化教学的发展。

总而言之，任务型教学的评价方式，不是单纯考查学生的语言知识掌握程度，而更注重评价学生的综合能力，不单看学生最终的成绩，还要综合考虑学生在执行任务过程中的表现和语言表达及运用能力。将学习的主导权交还给学生，并不意味着降低对教师工作的要求，教师要适时适当调整教学思路，教学相长。

第三节　核心素养下初中英语听力教学策略

一、创建良好的语言环境

环境在很大程度上影响着事物的效率或是成败，学习也是同样的道理，创造一定的学习氛围和学习环境在一定程度上有助于学生学习效率的提高和良好习惯的养成。尽管初中生具备了一定的自主学习能力，但对学习习惯的养成没有好的规划和意识。所以，教师的有效引导和教学策略在一定程度上有助于学生学习效率的提升。因为英语的学习目的就是更好地交流，所以教师可以通过创建一定的语言环境来培养学生的英语听力意识，让学生养成仔细听、认真听的好习惯。教师首先可以从实际的生活和学习入手，营造一定的场景和交流模式，让学生通过交流获取一定的信息。学生在获取信息的过程中听力思维就会活跃，就会用心地去听。整个过程也是对听力习惯的一种培养。英语教师通过有效的策略引导，让学生从潜意识中认识到了英语听力的重要性，无形中培养了认真听、仔细听的好习惯。

例如，在学习人教版七年级上册课本中 Unit 1Whereareyoufrom？这节内容的时候，由于学生刚步入初中，学习习惯和意识都比较薄弱，所以也是教师向学生渗透听力意识的最好时机。教师可以通过结合本节课的内容对学生进行实际生活中的听力习惯培养，如可以安排学生之间借用所学内容进行英语交流："What' s your name，please?"当一名学生提出问题时，另外一名学生就会认真地去听，去理解，然后进行回应。虽然这是一种最简单的交流方式，但是在交流的过程中学生就会潜意识地去仔细听、认真听。通过这样的引导，学生就会意识到学习英语是从听开始的，进而在后期的英语学习中，听就成了学生英语交流的重点方式。教师还可以让学生用英语做一下自我介绍，然后提问其他学生这位学生来自什么地方。教师可以引导学生在以后的英语课堂中一律使用英语交流，教师用英语提问，学生用英语回答，形成一种良好的学习习惯。

英语教师利用英语交流创建浓郁的英语学习氛围，对学生的听力意识有一定的渗透作用，让学生从一开始就意识到了听是英语学习的一大重点，养成一种良好的交流习惯，从而让听和说的能力都能得到有效提升。

二、提升学生的元认知意识

为了培养学生的核心素养，解决学生听力态度消极被动的问题，除了教师正确的引导和兴趣的培养之外，学生自身元认知意识的提高也是改善这一现象的重要对策。元认知策略的主要内涵就是在听力认知过程中有计划、监控或评价的自我调整的能力；对听力任务的理解、预测、监控和评估这一系列有意识的行为都是对元认知策略的运用，这能使学生调动自身的已有能力和情感，主动改变自己的认知学习模式。

当前初中阶段学生和教师将所面对的听力学习困难与问题，大多归咎于词汇、语法或文本本身上面，但其实在学习模式上仍然缺少认知与自我调控，从而无法对听力学习保持主动的学习状态。元认知策略在学生身上得不到良好的运用，学习模式还是有着很大一部分原因的，大部分教师目前始终保持着重点在于知识的教学，忽视了学生自我的计划、监控与评价的作用，听力学习趋于被动，“听—改—听”的模式单一且枯燥。

因此，针对听力教学，教师应该重视学生元认知能力的提高，加强听前听力计划的明确、听力目标的设定，鼓励学生根据自身情况规划下一阶段的听力学习和设定目标，培养学生的主动性、计划性和目的性；在听力过程中，学生要学会及时监控自身听力策略运用情况，学会调节、灵活选择并转换策略。

三、提高学生听前预测能力

为了培养学生的核心素养，教师在日常英语听力教学中要有意识地教会学生在听前“预测”本次听力内容，通过提前预览题目、图片等各类信息构建本次听力重点关注的内容来作为听力的目标，有目的、有计划地参与接受信息的过程能够加强学习动机与专注力。

另外，让学生养成对听力练习进行反思总结的习惯，培养自我认知的意识。例如，很多教师都会要求学生准备错题集，其实错题集并不仅仅是总结错题中的词汇、语法等知识，更重要的是可以给学生一个自我反思的机会，从错误中总结经验，从经验中学习方法。所以，我们可以将英语错题本也做相关分类，为听力学习提供一个平台，让学生的总结反思不局限于知识的记录补充，更应该记录下听前、听中、听后自己的准备计划、解题思路、听时感受、听后自我评价等，教师由此可以详细了解学生的听力真实反馈，对于一些普遍情况、有效方法可以在课堂上与学生分享学习与讨论，这也是一个对学生听力兴趣与主动性进行培养的过程。

四、加强多项策略系统教学

在英语核心素养的指导下，学生缺乏更多实用、有效的听力策略来参与平时的听力学习过程，而认知策略作为学习者对于新信息新知识加工储存的一种有效方法，能够提高学生的策略能力与学习效率。在英语听力学习中，为了让学生掌握这些策略，教师首先要对相关概念加以归类并澄清，再进行系统的学习与练习，更为重要的是在之后的听力训练中，依旧对策略运用进行监督与指导，才能让学生在系统学习和长期运用中找到规律，最后能够灵活运用认知策略。值得注意的是，教师应该将这些策略方法的使用与应试技巧区分开来，提高英语听力能力是一个长期的过程，认知策略的运用不应该局限于卷面之上，课堂、生活等环境中的听力过程都可以为学生灵活运用策略提供很多真实而具有挑战性的机会。

五、加强师生间的交流与合作

人本主义理论认为，教育在于促进人的全面发展与自我实现，而社会情感策略中强调的与老师同学保持互帮互助的良好关系有利于听力交际过程中自我价值的实现。调查发现，听力的学习相比于词汇、语法等部分的学习来说，明显缺少了师生之间的交流，对听力文本的不恰当使用对学生造成了“所有的听力问题都可以在原文中解决”的思维误区，学生可能轻视听力，甚至害怕被提问的情况。所以，教师除了求助听力文本的教学方法，更要还原、重复听力过程，在真实的情况下解决听力困难，督促学生对听力进行发问，无论是知识还是方法，鼓励学生对听力展开思考。

第六章　核心素养下初中英语阅读教学

本章分为初中英语阅读教学概述、初中英语阅读教学设计、核心素养下初中英语阅读教学策略三部分。

第一节　初中英语阅读教学概述

一、英语阅读教学研究

（一）国外英语阅读教学研究

1. 古典时期

人们通常将 20 世纪 60 年代前称为古典时期。从 19 世纪开始到 20 世纪初期，国外英语阅读教学主要采用语法翻译法，也就是将一种语言翻译成另一种语言。这一时期的英语阅读教学理论受到了语文学的影响，十分重视词汇知识的理解，强调从词汇理解出发去理解整个语篇。与此同时，19 世纪末的研究也涉及阅读的心理过程，有关研究包含字母和词的认知线索、阅读的内部言语等。

2. 蓬勃发展时期

20 世纪 60 年代之后为阅读教学研究的蓬勃发展时期，这一时期国外学者对阅读进行的研究主要是提出了一系列的阅读模式，这些模式促进了英语阅读教学的发展。其中，影响较大的四种阅读模式为心理语言模式、“自下而上”模式、“自上而下”模式和相互模式。

1971 年，英国语言学家威多森（Widdowson）提出，阅读是阅读者和文章作者对话的过程，在阅读中，阅读者提问而作者来回答，阅读者激活脑中已有的知识对文章进行理解。他认为阅读具有创造性，阅读者和文章通过对话来赋予新的意义；他还认为阅读文章后，只有经过特定的情境进行使用才算真正具有价值。

1976年，美国心理语言学家古德曼（Goodman）提出“自上而下”阅读模式。这一阅读模式与“自下而上”模式相反，“自上而下”模式要求学习者本就牢固掌握语言知识。因此，该模式适合有一定基础的人，它反对“自下而上”模式先进行基础知识学习，而更注重对阅读者预测、理解和分析文本能力的培养。但无论阅读者使用哪一种阅读模式，其目的都是培养学生的阅读速度和阅读技能，使阅读者实现通过整体理解文本进而去预测文本大意的阅读目的。但阅读中，阅读者总是会忽略一些信息，这容易造成阅读者对某些方面的信息理解错误，因此，只进行快速阅读也无法获得语言基础知识。美国人工智能专家鲁梅尔哈特（Rumelhart）认为阅读模式不仅是“自上而下”或者“自下而上”加工模式，而是这两种模式相互联动的结果。他在《论阅读相互作用模式》提出“相互作用”的心理学模式，该模式不仅要求阅读者要理解文本内容，还要求阅读者运用已有的背景知识去激活相关图式。

1980年，加拿大多伦多大学人类发展与应用心理学的国家首席教授斯坦诺威奇（Stanovich）提出“阅读处理的过程具有双向性”，他认为运用“相互作用”的阅读模式进行阅读能够弥补“自下而上”对文本知识进行讲解占据太多课堂时间的不足，也弥补了“自上而下”造成的语言知识学习的不足。

（二）国内英语阅读教学研究

近年来，国内的研究者对英语阅读进行了大量的实践探索，尽管相关研究起步较晚，但是覆盖范围较广。通过对文献的研读和梳理，从语篇教学、语用教学和信息技术辅助教学实践研究三个方面展开探讨。

1. 语篇教学研究

语篇教学研究方面已成为英语阅读教学中比较热门的研究领域。初中生在进行英语阅读理解时，总是更重视对单词和句子的理解，而容易忽视从整体出发去理解文本。针对这些问题，从语篇分析视角去深入分析怎样提高阅读教学质量，特别是在阅读活动设计方面提出了一些建议，具体包括增加引导学生找到不合文本整体的句子、区分文本中的客观事实和作者观点等活动，以提高学生的阅读效率、阅读策略以及思维能力。上海外国语大学英语语言文学博士贺春英的研究成果中不仅探讨了语篇模式教学如何提高英语阅读质量，还分析了语篇模式教学对学生阅读成绩、元认知阅读策略和社会情感阅读策略的积极影响。

2. 语用教学研究

上海大学英语应用语言学硕士佟燕飞发现，传统英语阅读课总是难以培养学生的语用能力，主要是由于学生没有掌握词汇含义，学生接触的文章语篇类型缺乏真实情境，教师语用知识不足。针对这些问题，佟燕飞从语用分析角度去探索怎样提高学生的语用能力，并对阅读教学和教师提出了三条建议。具体来说，首先，在阅读教学中，教师要重视讲解单词、句子的语言知识和语用含义；其次，教师要为学生提供多种类型的语篇阅读文本，并借助网络媒体为学生拓展阅读资源；最后，教师也可以通过线上线下活动来提高自身的语用能力。

3. 信息技术辅助教学实践研究

信息技术的迅速发展推动了网络教学手段的发展，国内大量的学者实施了信息技术平台辅助英语阅读教学实践的研究、探索。网络多媒体辅助英语阅读课堂教学，不仅在学生的阅读学习欲望和水平方面具有促进作用，还能培养学生的创新思维水平。有学者指出，通过在英语阅读教学中运用蓝墨云班课 App，可以打破时间和空间对学生学习的限制，从而帮助学生自主地选择线上或线下的课程学习。还有学者指出，通过 Wiki 协作阅读学习平台辅助阅读教学，可以为学习者的英语阅读水平带来积极影响；学生和学生之间在 Wiki 学习平台的协作还能进一步增进彼此的了解和支持；不仅如此，Wiki 学习平台设置的由易到难的阅读任务可以培养学生的自信心和阅读态度。

综上所述，国内外学者对英语阅读教学做了大量理论研究，并且不断更新理论以弥补前人研究的不足，提出更加合理的阅读模式，并且越来越多的国内英语阅读教学与现代化教育手段相结合，有助于学生阅读成绩、兴趣、自主学习意识和能力的提高，这为产出导向教学模式在初中英语阅读教学的研究指明方向。

二、初中英语阅读教学的重点

（一）关注学生文化意识的培养

在学科核心素养的影响下，初中英语教师不能再将英语教学的目标局限于基础理论知识的学习和掌握，而是应站在学生学习和发展的角度进行思考，让学生规范、正确地使用英语进行表达，了解英语文化，避免口语交际场景中的尴尬情况。例如，red 表示“红色”，但在中西文化中，其通常具有不同的含义。在中国文化中，红色代表着“喜庆”，人们在婚礼、节庆等重要场合往往会使用红色物品；而在西方文化中，红色是血的颜色，代表着“死亡或危险”。学生如果缺乏文化意识，极易在口语交际的过程中出现触碰文化禁忌的情况，影响其交际效果。

（二）重视对学生的启发工作

相较于传统的教学模式，学科核心素养下的初中英语阅读教学更强调学生思维与能力的发展，从而进一步加深学生对基础英语知识的理解，让其英语表达变得更加灵活、高效。因此，在初中英语阅读教学工作中，教师应兼顾学生的思维与能力发展，将启发学生作为课程教学改革与优化的重要方向，鼓励和引导学生在学习的过程中更加积极、自主地进行探究和思考，逐渐提升学生学习的深度，从而在不知不觉中发展其思维与能力，真正体现出学科核心素养对初中英语阅读教学的引导价值。

三、初中英语阅读教学的理论基础

（一）图式理论

1. 图式理论的定义

“图式”一词最早出现于德国哲学家康德（Kant）的著作——《纯粹理性批判》。他把图式看成“原发想象力”，是“潜藏在人类心灵深处的”一种技术、一种技巧，是一种先验的范畴。英国心理学家巴特利特（Bartlett）有关记忆的研究被认为是图式理论所赖以建立的经典探索。在他的著作《记忆》中将图式定义为“人们过去的经历在大脑中形成的组织结构”。鲁梅尔哈特提出了“图式理论模式”。他把图式解释为“在长时记忆中以层次的形式储存的一种交互知识结构”。他认为知识会分层并长期储存在人的大脑中，并会形成影响人认知的记忆。他还进一步指出：“知识是由各种图式拼接而成的，读者能否正确理解阅读材料的信息取决于读者头脑中的文化背景知识能否被激活。读者的图式被激活后，就能加快阅读理解的进程。”他的“图式理论模式”为后续的理论研究奠定了重要基础。

总之，图式是指存在于人脑记忆中的特定的认知结构和一系列知识结构。图式主要以某个主题为主要内容，将相关知识保存在大脑中，形成一种记忆。在英语阅读教学中，图式是指存在于学生头脑中的知识记忆，在遇到相关话题时，先前的记忆就会出现，帮助学生理解抽象的内容或结构。例如，在阅读中学生遇到“restaurant（餐馆）”这个单词，学生脑海中就会浮现菜单、餐具、美味的食物、顾客、服务员等与餐馆相关的形象，继而对阅读下文会产生期待和猜想。学习者在阅读过程中需要结合阅读材料和背景知识进行充分理解。

2. 图式理论的分类

图式是根据个人以往的生活经验总结出的一系列知识。当遇到相关话题时，人们头脑中的图式就会被激活。由于每个人的生活环境、受教育的程度不同，因此每个人头脑中储存的生活经验和知识经验都不相同。这些知识在大脑中被整合分类形成不同的图式。众多语言学家对图式理论有不同的分类。

国外学者卡雷尔（Carrel）将图式分为形式图式和内容图式。形式图式指的是涉及语言应用形式有关的知识；内容图式指的是与主题知识相关，对现实世界的了解程度以及文化概念有关的知识。国外学者库克（Cook）将图式分为世界图式、文本图式和语言图式，他认为语篇和文学理论通过图式相联系。在此采用鲁梅尔哈特对图式的分类，即语言图式、形式图式和内容图式。他的分类方式也是目前大部分语言学家较为认同的。

语言图式指学习者在学习过程中对词汇、语法等语言基本知识的掌握，如学生能够识别单词的意思，并能理解该单词在句子中的作用。语言图式是阅读理解的基础。学生只有在掌握了一定的语言基本知识后，才能进行有效阅读。学生对语言图式的掌握程度影响着对阅读材料的理解程度。形式图式也称“修辞图式”，指关于阅读材料的篇章形式和文本结构差异方面的知识。初中英语阅读篇章风格和类型多种多样，如记叙文、说明文、邮件、谚语故事、人物传记等类型。学生在日常学习中，大脑里保存了这些篇章类型，在阅读过程中就能迅速进行判断，选择合适的阅读方法，摘取文章的重点信息。

内容图式指关于阅读材料的背景信息和内容的知识。内容图式包含文化图式，文化图式指内容图式中与文化有关的历史背景、风俗习惯、宗教信仰等方面的知识。语言依托文化而存在，文化对语言的发展起着推动作用。学习者在阅读文章时仅仅使用语言图式只能实现对文章的表层理解，要想对阅读材料整体把握、深度解读，学生还需要具备一定的内容图式，即与阅读材料相关的文化背景知识。许多学生在阅读中会出现这种状况：对于阅读材料的单词都熟悉，可是在做题时往往读不通篇章意思。学生借助语言图式只理解了文章的表层意思，对于作者的写作意图、出题者的出题意图理解不到位，需要借助内容图式辅助学生理解分析。学生如果没有相应话题的背景知识，在进行阅读时会感觉到阅读材料晦涩难懂。例如，人教版九年级英语教材 Lesson 46：Home to Many Cultures. 这篇文章主要介绍加拿大有许多不同文化背景的人生活在一起。学生在不了解加拿大是一个移民国家、加拿大有两种官方语言等背景时，在理解“Canada is home to many cultures.”就会产生困惑：为什么一个国家会有许多不同的文化？同一个国家的人群为什么说不同语言？教师在授课之前应该引入有关加拿大的文化知识——加拿大的习俗、语言、禁忌等，引导学生借助文化图式理解篇章。

（二）语篇分析理论

1. 语篇及语篇分析的定义

（1）语篇

国外学者从不同的方面对语篇的概念进行了界定。莫罗（Morrow）、肖彻（Schocher）① 不拘泥于单纯的语篇形式，将语篇解释为一种语用单位，而且是一个有意义的单位。威多森（Widowson）② 在研究过程中注重分析语篇的单位以及功能，认为学习语篇的目的是获取语义，在书面语和口语中使用的语言。布朗（Brown）和约鲁（Yule）③ 从语篇的交际功能出发，将语篇看成可以运用的语言。尚东（Chandron）④ 将语篇放在社会生活的大背景下，认为语篇是人们在同一大的社会背景下产生的交流行为，这一行为是共同的，是人们对同一社会现象的反应。库克（V. Cook）⑤ 将语篇定义为使用中的一种连贯的语言，读者所看到的语境意义就是语篇提供的。我国学者黄国文在《语篇分析概要》将语篇界定为语言单位，它不是独立存在的，而是有诸多的字词所组成的，能够被广泛使用的，而且在指定的情境中发生的行为。胡壮麟在《语篇的衔接与连贯》一书中认为语篇是被用来表达完整意义的语言组织，不受语法等外在的限制和约束，目的是人们使用它可以进行无障碍的交流，能实现交际的任务的自然语言。刘辰诞在《教学篇章语言学》一书中认为语篇也是一种具有连贯性和衔接性的语言单位，在交流过程中能够完整地传达文章包含的信息，能体现作者的目的性。张德禄在《论语篇连贯》一文中指出，语篇不是单纯地由语法或者词汇堆砌起来的句子，是能表达具体的意义的语言单位。胡曙中在《英语语篇语言学研究》一书中认为语篇是能进行有效沟通的基本单位。

综上所述，学者界定语篇的概念大多从语篇的属性或结构出发，在此所提到的“语篇”指的是在逻辑连接、意义连贯，具有特定交际功能，能够表达完整信

① Morrow, K. & M. Schocher. Using Texting in a Communicative Approach[J]. ELT Journal, 1987, 41 (4): 248—256.

② Widowson, H. G..An Applied Linguistic Approach to Discourse Analysis[D]. P. H. D.Dissertation, University of Edinburgh, 1978.

③ Brown, G. & Yule, G. Discourse Analysis[M]. Cambridge: Cambridge University Press, 1983.

④ Chandron, C. Research on Teaching and learning[J]. Second Language Classroom, 1988, 17 (3): 21—27.

⑤ Cook, G. Discourse[M]. Oxford: Oxford University Press, 1989.

息的有意义的语言单位。学生在学习过程中所接触到的对话形式等语篇体裁都是以语篇的形式出现的，学生通过对日常语篇形式的理解，训练其语篇理解能力，其语篇意识也会逐渐上升。

（2）语篇分析

语篇分析由美国语言学家泽林·哈尼斯（Zelling Harris）① 首先在其著作中提出的，他认为语言是在连贯的语篇中产生的，而不是来自零碎的句子。凡德·迪雅克（Van Dijk）② 通过对语篇分析的相关研究探索，发现从宏观角度进行语篇解读能提高读者对语篇的整体结构的理解，因此他提出要从宏观结构角度进行语篇分析，为研究者解决语篇分析的相关问题提供了借鉴。威多森（Widowson）③ 认为在语篇教学中，情境对语篇分析的解读有很大的帮助，因此他建议学者对语篇和语境进行深入研究。斯塔布斯（Stubbs）④ 认为语篇分析是通过对书面语言的研究，读者可以了解作者的写作意图以及语篇所表达的意义。在中国，黄国文在《语篇分析概要》一书的研究中以英语为例，对人们如何建构语篇以及理解语篇这一问题展开了深入的探讨。胡壮麟在《语篇的衔接与连贯》中对语篇分析的定义是读者识别语言结构模式的一种意义过程。王宗炎在《语篇分析的理论与实践》一文中指出语篇分析是对语篇中所出现的段落、对话、语法等的详细研究，在研究过程中读者对语篇的语言单位进行分析，探究作者对语篇的建构意义，从而达到对语篇所表达的意义的理解和应用。

2. 语篇分析的相关理论

语篇分析理论通常从宏观和微观两个角度来分析。从宏观角度分析语篇的目的是读者能从整体角度去理解语篇内容，分为体裁、语境、篇章模式三种模式；从微观角度分析句子间的衔接关系。

（1）语篇的微观结构特征

对语篇的微观结构特征进行分析，主要目的是帮助读者理解文本的连贯性以及完整性。黄国文在《语篇分析概要》一书中把衔接划分为语法衔接和词汇衔接，要求学生以语篇整体为出发点去解读语篇。语法衔接在语篇中的作用是连词成句，对语法衔接主要从以下四个方面进行分析。

---

① Harris, Z. Discourse Analysis[J]. Language, 1952 (28): 1—30.

② Van Dijk, T A. Text and context: explorations in the semantics and pragmatics of discourses[M]. New York: Longman, 1977.

③ Widowson, H. G. An Applied Linguistic Approach to Discourse Analysis[D]. P. H. D. Dissertation, University of Edinburgh, 1978.

④ Stubbs, M. Text Analysis: The Sociolinguistic Analysis of Natural Language[M]. Oxford: Blackwell, 1983.

第一，时间关联成分在语篇中被用来表示先时性、后时性，主要是一些表示时间的连词。能表示位置、方向、地点等意义的词语被称为地点关联成分。在阅读过程中，学生通过找出时间关联成分和地点关联成分的词语，可以掌握语篇的时间线和地点，进而帮助学生更好地理解语篇。

第二，照应指用代词等语法手段来表示的词义关系，包括人称照应等。通过分析对照应词，学生能掌握语篇中的照应关系，达到利用其中所蕴含的信息来理解语篇的目的。

第三，为了避免重复，在组织语篇时会将某些重复信息用其他词替代，这类词叫作“替代词”。拿到语篇首先应该找到替代词，明确在语篇中所指代的具体内容，使用替代学生能把握语篇的上下文衔接，从而理解语篇的组织结构。

第四，词汇衔接被定义为文本在语义上能达到连贯，使词的重复、互补、同义反义、在整体与部分之间建立关系来实现的。词汇衔接有复现和同现两大类。复现关系指反复出现在语篇的词汇，这类词汇常常不会以原型出现，经常会以近义词和概括词的形式出现，使语篇中的词汇有逻辑地相互联系，以表达语篇的完整意义。要求学生在学习过程中注重对同义词的积累，这样就能完整掌握语篇所表达的意义。与词汇的复现关系不同，同现关系是指词汇在一篇阅读材料出现的时候有一定的倾向性，能帮助学生理解语篇内部的组织结构。众所周知，在理解语篇的过程中，上下文中可以表达单词的含义，使单词能解释句意，从而表达语篇的意义。因此，词汇衔接在阅读教学中起着帮助学生记忆词义、猜测文本内涵、掌握阅读技巧等作用。

（2）语篇的宏观结构组织

语境，顾名思义，指的是语言存在的环境，胡壮麟在《语篇的衔接与连贯》中将语境分为三种：语言语境、情景语境和文化语境。学者对语境理论的讨论都会围绕这三种语境进行。在此基础上，张德禄在《语篇分析理论的发展与应用》中提出语境的三个功能来帮助细化这三种语境的具体作用。对应语言语境的是衔接语篇内部，因为语言语境指的功能是语篇内部的组成环境，又被称为“上下文语境”。与情景语境相对应的功能是连接语篇外部，顾名思义是语篇产生的外部环境，读者在解读语篇时不仅要关注语篇的内在环境，对外部环境的分析有助于读者理清文章发展的结构脉络，这就包括对语篇人物、地点、语言和环境等的分析。文化语境的功能是阐明语篇内涵，文化意识方面的教学是阅读课堂必不可少的环节，无论是从了解语篇发生的社会历史背景来说，还是从挖掘主人公思想情感态度、行为方式方面来说，都是理解语篇的重要影响因素。因此，以上三种语境在学生理解语篇的意义结构以及表达交际的目的方面有重要的作用，教师在阅读教学中应有目的地设计相关的教学活动来训练学生这方面的能力。

3. 语篇分析理论的作用

（1）有效提升学生的整体阅读能力

尽管以词汇和语法为基础的传统阅读方式简单、直观，可以让学生快速获取信息，但这种阅读方式容易打破文章的整体性，不利于学生用英语思维进行思考，很难准确把握文章的思想内涵。阅读本来就应该具有整体性，只有从整体入手才能更准确地获取信息、理解文章。而语篇分析理论恰恰契合了阅读的整体性需求，避免学生进入逐词逐句翻译、拼凑信息的误区，使学生能自然流畅地阅读，并在阅读的同时提取关键信息，挖掘中心思想，感悟情感主线。语篇分析理论下的阅读才是英语正向思维模式下的阅读，这样的阅读方式能有效提高学生的阅读速度和阅读水平，提升学生的英语阅读能力。

（2）有效培养学生的语言组织能力

英语教材中的单元模块通常以话题为中心，并以语篇的形式进行呈现，给学生提供了很好的阅读材料。采用语篇分析法的英语阅读教学不但引导学生注重整体阅读，还会通过重点词汇、短语来分析文章，使学生对上下文关系加以掌握。针对重点词汇教学有助于学生快速组织语言，结合文章内容流畅地表达自己的想法。语言组织能力是学习一门语言必备的能力，无论是在交际过程中，还是在书写过程中，都必须有语言组织能力作为支撑。而语篇分析理论下的阅读教学，不仅可以使学生的语言组织能力得到有效培养，而且也与语言教学的理念相符合。

（3）使学生享受阅读的过程

语篇分析理论下的初中英语阅读教学能改变学生一边翻译一边阅读的不良习惯，让学生自由地展开阅读，甚至可以一边阅读一边思考，提高学生的阅读质量和阅读有效性。随着阅读量的增加，学生的阅读能力逐渐增强，英语文章在学生眼中也不再是单词的拼凑，而是生动的文本，学生在阅读的过程中能够感受语言、意境的美感，享受美好的阅读时光。

（三）多元智能理论

1. 多元智能理论的界定

发展和认知心理学家霍华德·加德纳通过比较传统智能观念和多元智能，把智能界定为能够解决问题或制造产品的能力。随着时代的发展和工业革命的深入，解决问题、生产和创造社会需要的产品，成为能力的表现形式。人才的培养越来越受到人们的重视。随着心理学的发展，许多关于智力的理论开始出现。加德纳提出人们拥有八种智能，即言语智能、逻辑—数学智能、肢体—动觉智能、空间智能、音乐智能、人际交往智能、自省智能，在1996年又提出了自然智能。

言语智能是指对文字的声音、节奏和意义的敏锐性，以及通过学习写作来抒发自己的热情，表达自己的情感。简言之，就是口头语言表达能力或者是能够有效地运用语言和文字的能力。此智能占主导的人语用能力较强，喜欢通过听、说、读、写的方式进行记忆、交流、讨论、解释、建构意义等。

逻辑—数学智能强调能有效地运用数字推理能力解决问题。该智能具有优势的人擅长运用不同的数学技能，如评估、运算规则，擅长提出假设及验证假设。

肢体—动觉智能指能够灵活支配身体，有发达的运动智能，善于用双手解决问题。该智能具有优势的人善于通过接触和动作探索具体物体，喜欢具体的学习经验，具有协调和完善身心的能力，喜欢在“做中学”。

空间智能是指视觉辨别、再认知、投射、空间理解、内外心象复制等能力。有良好空间智能的人具有以下特点：善于通过看和观察来辨别物体、形状、颜色等，可以创造出具体化或形象化特征，喜爱素描、绘画。

音乐智能指擅长音乐、音律，能够用某项技能参与音乐相关的活动，具有音乐、节奏等的敏锐性，能以音乐的形式传递或表达情感的能力。此项智能发展好的人，喜欢聆听，对声音敏感；能够通过动作表现音乐，如指挥、表演或跳舞等，善于把握节拍。

人际交往智能，简言之，指人类沟通交流的能力以及维持其关系的能力。该智能发达的人通过敏锐觉察他人的情绪、思想等，能妥善处理人际关系，影响他人的意见、想法，善于通过别人的意见来调整自己的行为。

自省智能指帮助人们正确认识自己的能力。自省智能比较突出的人有自己的一套伦理价值体系，善于觉察自己情绪的波动，有追求目标的动机，能理解自我与所处环境的复杂性，喜欢独立工作，善于激励自己，能持续学习和成长。

自然智能占据主导地位的人热衷于对人类和自然地理环境进行探索，能根据事物的特性进行分类，并善于观察、识别、接触事物。

综上所述，八种智能的侧重点不同，但又互相联系。每个人都有各种各样的智能，虽然每个人的智能水平是不同的，但智能是可以改变、培养和发展的。

2. 多元智能理论的特点

(1) 多元性

各项智能之间既独立又相互联系，人类拥有的各种智能处于同等重要的位置。因此，教师在教学中不能只注重学生的一种智力，而忽视了其他智能的发展。只有多种智能的共同作用才能促使学生的全面发展和个性化发展。因此，面对这八种智能，我们要平等正确地看待，认识到智能多元化的特点，开展多样化的教学活动，激活和发展学生的八种智能。

(2) 差异性

每个人的智能表现参差不齐，每个人都有其长处，因此组合和运用智能的方式也不同。基于智能的排列组合的不同，以及个体后天所处环境的不同，造就了不同智能个体。因此，我们要对每个学生进行正确的认识和评价，挖掘他们的优势，充分发挥其长处；除此之外，教师也要依据优势智能去改善他们的不足。

(3) 创造性

智能在社会生活中表现为解决问题、创造或改造某种产品的能力。人类的智能具有无限的创造性，人在创造新的产品和推动人类的发展方面，有无限的潜能。因此，可抓住多元智能这一特点，对人的潜能持积极态度，培养人的创造力。

(4) 可开发性

后天环境和教育对智能的促进和发展起着重要的作用。因此，要挖掘学生的多元智能，必须充分认识到环境与教育两者的重要性。在教学中，教师要给予学生足够的激励和肯定，为学生创设学习情境。教师在教学中要充分认识到两者间的关系，注重对学生智能的开发，在二者的共同作用下，促使智能得到更大程度的发展。

教师只有在熟悉这四个特点的基础上，才能够更好地把多元智能理论与英语阅读教学整合起来。尊重学生智能的差异性，开展多样化的教学活动，加大力度开发学生的智能，培养全面发展的高素质人才。

第二节 初中英语阅读教学设计

一、教学设计与阅读教学设计

（一）教学设计

教学设计于20世纪50年代起步，20世纪70年代作为一门独立学科正式进入人们的视野。经过几十年的发展，教学设计拥有较为完善的理论基础及涵盖多要素的教学模式。

1. 定义

美国教学设计专家加涅（Gagné）在《教学设计原理》一书中把教学设计定义为系统规划教学系统的过程。自20世纪90年代开始，我国学者对课堂教学设计进行研究，就课堂教学设计定义方面，有以下四种观点。一是教学设计应首先发现教学环节中的问题，再分析问题，在此基础上以系统的方法明确课程目标，预设问题解决方案、实施解决方案、评估实施成果，对方案加以适当调整的过程。二是教学设计是分析教学材料并根据分析结果选择教学活动的系统过程，换言之，教学设计是指为实现课程目标，采用系统观念和方式规划教学活动、实施教学行为，是教什么与怎么教的过程。三是教学设计在综合使用教育心理学、传播学、教育媒体论等有关理论的基础上，通过分析在课堂教学过程中出现的问题、设计处理方式、测试处理方式以及对处理方式加以评估与完善的一个系统过程。四是教学设计是确定课程目标、教学方法、教学策略、课程评估等的过程，运用系统的教育教学理论对教学环节做出具体的规划与设计，促进学生的学习。

2. 模式与要素

教学设计模式的探索始于20世纪60年代，至今已经形成数百种不同的教学模式。教育部教师教育资源专家委员会专家鲁子问将使用比较普遍的、对教学影响较为深刻的教学模式概括为以下几种：迪克－凯瑞模式、加涅模式、“九五矩阵”教学模式、肯普模式、史密斯—雷根模式。北京师范大学教授、东北师范大学荣誉教授、博士生导师何克抗在建构主义的指导下提出了“基于建构主义的教学系统设计模式”。

教学设计要素方面，首都师范大学的王笃勤认为英语教学设计由分析、设计和评价三个要素构成。首先，任何教学都应该起于分析，如对教材的分析、对学习者的分析、对人才培养要求的分析。然后，在明确学生的风格特点和教学目标的基础上进行教学设计，设计分为教学策略设计、过程设计、活动设计、技术设计和评估测试设计。最后，对教师教学设计实施情况进行评价，评估内容应既包含对学生是否完成学习任务的评估，又包含对教师课程设计的评估。

（二）阅读教学设计

阅读教学设计是指通过对英语阅读课加以深入研究，在限定的课堂教学时间内、在广泛研究的基础上对课堂教学过程的各个环节和内容加以优化与重置，以便产生指导性的学习方法，在限定的课堂教学时间内使学生的学习成效最佳。通过文献梳理发现，关于阅读教学设计的研究包括教学设计模式和教学设计策略两个方面。

1. 阅读教学设计模式

英语阅读教学设计的一般模式包括分析（学习需求分析、学生分析、学习内容分析）、设计（教学策略设计、教学过程设计、教学技术设计）、评价（学习成效评价、形成性评价、总结性评价）和反馈修正四个部分。该模式也在后来的初中英语阅读教学中得到了更为广泛的使用。

2. 阅读教学设计策略

通过对相关文献的梳理，初中英语阅读教学设计策略的研究大致可以分为三个方面：基于理论的教学设计、基于模式的教学设计和教学设计的实践研究。基于理论的教学设计是以不同的理论视角为依据构建阅读教学设计策略；基于模式的教学设计是以某种模式作为教学设计的框架构建教学设计；教学设计的实践研究是针对课堂教学中常见的问题提出教学设计方案，并在教学实践中实施方案，检验其有效性。

（1）基于理论

基于理论的教学设计主要包括支架理论、信息加工学习理论、图式理论等。支架理论特别重视教师的支架功能，教师不仅是学生课堂教学的主宰者，更是培养学生独立思考能力的重要引导者。图式是指存在于人头脑中的知识单位，主要包括语言、内容、形式图式等。图式理论认为阅读过程是通过积极调动人类大脑中已知的图式，对材料不断地筛选、检查、整合和加工，并筛选和调整信息的过程。

(2) 基于模式

教学模式是教学方法和教学计划的整合，是指导学生学习的框架，是具体的教学步骤、教学体系。

(3) 教学实践

英语阅读教学设计的教学实践是基于当前阅读课堂存在的问题反思，提出教学设计改进策略，并结合案例对策略进行分析和有效性验证。依据初中英语阅读教学技能培养的目的与要求，上海师范大学的黄岳辉等人指出了阅读教学中重语言形式轻语言能力的现象，提出为了解决语言能力缺失问题，教师应关注关键词汇教学、文本体裁特征、多元对话策略和学生思维空间等方面以优化阅读教学设计。

二、初中英语阅读教学设计模式

随着心理语言学的不断发展，部分学者开始研究阅读模式，在20世纪中叶，研究者提出英语阅读教学设计主要由三种教学模式构成。

（一）自下而上教学模式

该模式强调，字母构成了最小的单元，而字母则是用来表达文章意思的基础单词，作者则用单词来构成阅读材料中的主体句子。

（二）自上而下教学模式

此模式要求读者掌握文章大意，而不必弄清楚每个单词的具体含义，读者可以通过上下文去猜测作者的写作意图。该模式认为阅读就是读者进行推理和不断改正的过程。

（三）交互教学模式

这一模式是以上两种模式相互作用从而获取文章意义的过程。此模式主张外语阅读不应当是一种机械被动的过程，而是读者与作者之间双向沟通的过程。读者能够将自身的文化背景知识和阅读文本直接联系起来，在了解文章的基础上，重新表达由文字符号所撰写的信息内容。

三、英语学习活动观下初中英语阅读教学设计案例

在此将以人教版八年级上册第九单元 Can you come to my party? 的阅读课（Section B 2a-2e）为例进行案例展示。第九单元紧随第八单元之后，对此进行案例设计能够使教师尽可能地弥补第八单元阅读教学中的不足，以确保案例

的顺利实施和建议的准确提出，以期为“英语学习活动观”在初中英语阅读教学中的落地提供一个较为优良的范本。

（一）深度解读文本

根据第四部分中所提出的逻辑结构的三个层面和语篇解读的五个角度（见表6-1），以下将展开 Unit 9 Can you come to my party? 阅读课（Section B 2a-2e）的文本解读和梳理。

表 6-1 文本解读思路

逻辑结构的三个层面	语篇解读的五个角度	阅读图式类型
是什么	主题和语篇内容	语言图式
为什么	主题和作者意图	内容图式
怎么样	篇章结构和语言特点	形式图式

是什么（主题和内容）？本单元的话题是“邀请”，阅读语篇的主题是“派对的书面邀请”，这一部分承上启下，前承 Section A 的口头形式邀请，后启邀请函的书面写作。本单元语篇内容聚焦于为即将回美国的 Ms.Steen 举办惊喜派对一事，从派对的类型、主角、时间、准备事项等方面出发撰写邀请函，为学生提供了发出邀请、接受邀请和谢绝邀请三种阅读文本。这三种特征清晰的文本有利于学生获取细节信息、概括文本大意，教师可在此基础上进一步深入解读内涵意义，在语言知识、文化知识、情感价值等方面促进学生对邀请话题的细化和巩固。

为什么（主题和作者意图）？作者通过三种邀请话题的文本展示，使学生明确如何在一篇简短的有关邀请的信件中将事件、时间、对象和原因等叙述清楚，通过得体的表达和正确的电子信件格式向别人发出、接受或拒绝邀请。基于以上对语篇核心内容的解读，作者希望学生通过该语篇的学习，了解有关聚会邀请的基本礼仪，增进人际交往常识，能够在班级乃至社会生活中贡献自己的一份力量，珍惜自己与同学之间、与老师之间的情谊。教师可据此引导学生进行深入语篇的主题意义探究，从而提高认知。

怎么样（结构和语言特点）？该语篇采用礼仪性的书信文体展开，明暗线交织。明线是用邀请函的形式发出、接受或拒绝邀请，文章据此分为三段，结构清晰；暗线即揭示了在社会生活中，礼貌得体的语言表达和正确明晰的叙述是人与人之间交往的基本礼仪。文本第一段是接受聚会邀请，作者先是表达了对派对的肯定和对 Ms.Steen 的喜爱，接着表示自己能够参加并帮忙布置派对，采用此层层递进的叙述形式应邀。第二段是拒绝聚会邀请，作者先是对该派对给予了肯定，接着说明无法参加派对的主观因素，而后又使用转折的连接词着重强调了解决方法，表示可以为派对提供帮助。第三段是发出邀请，作者依次阐述了派对的对象、原因、时间和准备事项。每一个邀请函的逻辑结构均十分明了，语言知识难度适中，通过拓展常用词汇 sad，glad，surprised 和短语 help out with，the party preparation，look forward to 等，增强邀请函写作的得体性和准确性，有助于学生把握语篇的逻辑脉络，形成结构化知识，通过对比分析等手段分析和解决问题。

（二）明确教学目标

基于单元目标和阅读文本的解读，本节课的具体教学目标如下：

①获取关于发出、接受和拒绝邀请三个文本的信息，关注邀请函中所应具备的内容；

②梳理、概括举办欢送会的有关信息，利用思维导图形成逻辑结构；

③阐释思维导图，判断新词和短语的具体含义，并结合所学知识内化新邀请函的语言知识和逻辑结构；

④论证正确撰写邀请函的原因，推理出作者的意图和语篇价值取向；对文本进行批判性思考，并将所学知识迁移到新情境中以解决问题。

以上教学目标通过学生的学习行为和教学活动形式呈现，具有可操作性和可评价性，不单单着眼于学生学习的过程，更突出了学生学习的成果。通过对比分析英语学习活动观的三个层次可知，目标①和目标②关注的是基于语篇的学习理解类活动，目标③关注的是深入语篇的应用实践类活动，目标④则关注超越语篇的创新迁移类活动。四个目标循序渐进，体现了英语学习活动的综合性、实践性及关联性三个特征，落实了英语学习活动观的实践过程，促进学生低阶思维向高阶思维的转化。

（三）基于目标，设计有层次、有情境的教学活动

英语学习活动观下的教学方式要求教师围绕主题意义，以探究语篇为依托，遵循学习理解、应用实践、创新迁移三个层次设计一系列教学活动，使之与教学目标相对应，同时，教学评价可通过目标和活动贯穿于课堂教学始终，以确保英语学习活动观的落地。

1. 基于语篇的学习理解类活动

学习理解类活动包括感知与注意、获取与梳理、概括与整合三个方面，教师在这类活动的设计中应引入主题，激活学生的语言与文化知识，引导学生关注语篇，从中获取大意和细节信息，形成新的知识结构。

活动1：教师展示各种类型的聚会图片，学生说出相应聚会的名称，如生日聚会、家庭聚会、班级聚会、舞蹈派对等。（感知与注意）

设计意图：通过图片这种直观的方式展示学生真实生活中可能会遇到的聚会情境，从而刺激学生对已有知识经验和学习积极性，为后续的学习做铺垫。

活动2：学生快速浏览语篇，教师通过一系列设问，引导学生说出文中的聚会名称以及三个文本的功能分别是接受、拒绝和发出邀请；同时，学生进行头脑风暴，讨论发出聚会邀请函的注意事项。（获取与梳理）

设计意图：此步骤旨在引导学生关注语篇，获取语篇的基本信息和文本类型，把握语篇大意，了解邀请函的语言特点和格式（称呼、正文、落款）和所应包含的内容（对象、时间、地点、原因、形式等）。

2. 深入语篇的应用实践类活动

这一类活动包括描述与阐释、分析与判断、内化与运用三个方面，即教师应引导学生围绕主题和在学习理解活动中所形成的新知识结构，逐步开展以上语言实践活动，进一步巩固新知识结构。

活动3：学生根据绘制的思维导图使用所学语言描述聚会的具体信息。学生首先进行个人活动，独自进行描述，其次是小组间进行描述，最后在班级中进行展示。（描述与阐释）

设计意图：帮助学生通过个人—小组—全班层层递进的形式进行描述阐释，进一步加深对语篇知识的理解，训练英语语言表达能力和合作学习能力。

活动4：学生结合上下文，判断生词和新的短语在文中的含义。（分析与判断）

设计意图：教师为学生创设情境，引导学生猜测词义，增进学生对语言知识重难点的把握，深挖和培养学生的分析及判断能力。

第三节 核心素养下初中英语阅读教学策略

一、实施大单元英语阅读教学

（一）明确文本主题，设定阅读目标

为了培养学生的核心素养，初中英语阅读教学的开展必须以清晰明确的阅读目标为前提，充分发挥目标在英语阅读教学中的导向作用。同时，明确的目标可以引导学生关注文本信息，帮助学生发现文本主题，能够提高英语阅读学习的效率与质量。同时，初中英语阅读教学还需要以新课程标准为依据，针对学生制定出阅读学习要求，便于学生达成阅读学习目标，并根据自身的学习能力开展阅读学习，实现深入理解文本主题、全面把控文本立意的目的。通过这种引导方式，学生可以深入文章的主题结构，发现其中的关键词语，有利于理解文本的主题。在这个过程中，教师应充分发挥引导作用，依据文本内容，设计符合学生学情的阅读目标和任务，来引导学生阅读思维能力的发展，从而促进学生英语阅读素养的提升。

（二）结合现实生活，创设主题情境

良好的阅读环境可以提高学生的阅读质量，创设舒适、轻松的阅读氛围，能够有效激发学生的阅读兴趣，提高学生的主观能动性，不仅能改善学生的阅读状态，使学生从被动接受转变为主动阅读，还能增强课堂教学的互动性。这就需要教师联系学生的实际生活，结合本文主题，创设出愉快和谐的主题情境，让学生尽情地交流，激活内在的阅读潜能，启发隐藏的自主阅读意识。另外，教师还要关注学生的兴趣爱好，将其作为阅读主题训练的切入点，激发学生的阅读交流欲望，在活跃课堂氛围的同时，还能引导学生根据本文内容进行思考和分析，从而提高学生的阅读主动性，帮助学生深入理解文本内容，有效提高英语阅读教学质量，促进学生英语阅读素养的提升。

（三）寻找关键语句，凸显主题意义

在英语核心素养的指导下，提升学生的阅读学习效率与质量是主题意义探究英语阅读教学模式的基本目标，而实现这一目标的前提条件是让学生把握文本立意，深入理解文本主题内涵。因此，教师需要选择合适的阅读教学方法，帮助学

生快速寻找可以体现文本主题意义的关键语句，这样不仅能提升学生的阅读效率，还能使学生进入文本的故事情节中，准确把握其中的主题意义。在训练学生阅读能力的过程中，教师应根据实际学情制定有效的阅读指导方法，使学生熟练掌握阅读技巧，迅速提取文本中的关键信息，在完成阅读任务的同时不仅使阅读能力得到质的提升，还能使学生的英语阅读素养得到有效提升。

二、培养初中学生的文化意识

（一）读前活动教学策略

1. 明确教学目标，关注文化意识

在英语核心素养的指导下，新课标对初中英语教学提出了具体而明确的目标，由文化意识五级标准可以看出，整个初中阶段，学生应学习中外文化知识、理解中外文化价值观，并能胜任在此基础上进行的跨文化交际活动。文化意识五级标准中所规定的教学目标涵盖文化知识、文化价值、跨文化交际能力，层层深入，兼具深度和广度，为学生提升文化意识提供了合理参考。因此，教师在正式阅读教学前，应深入挖掘课程的文化意识目标，并以其为指导，合理设计教学内容。大部分教师在设置教学目标时，有意地将文化意识作为其中一项教学目标，并辅以相关的教学活动或内容以践行课程中的文化意识目标。但教师所设置的文化意识目标多以掌握文化知识为主，缺乏与文化价值观念和跨文化交际能力相关的目标。因此，在单一的文化意识目标导向下，学生的文化意识倾向于停留在文化知识维度，难以达到新课标规定的文化意识五级标准。鉴于此，教师在确定教学目标时，应以文化意识五级标准中所规定的三类文化意识维度目标为考量，尽可能完善其文化意识教学目标，以提升教学成效，培养学生的英语阅读素养。

2. 加工教材文本，开发课程资源

在英语核心素养的指导下，教材是教师教学和学生学习的直接资源，在教学系统中具有重要地位和多方面的功能。它具体而集中地体现教学目标和教学内容，决定和影响教学模式，影响教学环境和教学过程及教学评价，最终对学生的身心全面发展产生作用。因此，在阅读教学前，教师应对阅读文本进行精细加工，教师不应仅仅着眼于教授阅读文本内的语言基础知识，也应对文本中的文化内涵和文化背景进行深入挖掘，并且选择适宜的阅读材料在课前或课中进行文化内容补充。在阅读材料的选择上，教师应尽可能选择目标语文化中的本土性语言材料，材料应兼具时代性和文化性，并且应具有客观性，这类阅读材料有助于拓宽学生的国际视野，帮助学生更好地认识世界，了解不同民族的文化，培养学生的国际理解力。教师应从多方面着手，致力于开发不同题材、不同形式的课程资源，如电影片段、民间故事、俚语谚语、文学作品等具有现实特色和文化特点的资源，课程资源同时应具有真实性，能体现目标语文化或母语文化的真实性交际特点，具有一定的代表性。

以人教版英语九年级第10单元阅读篇章Dinner Customs about Colombia and Switzerland为例，这一单元的主题为“不同文化间的交际传统”，这一阅读文本主要谈论了不同国家在饮食上的时间观念差异，仅以哥伦比亚和瑞士两个国家的时间观念差异为例，介绍哥伦比亚人对时间不敏感以至于去朋友家赴宴时常常迟到，而瑞士人则正好相反，他们十分注重约会的准时性，也看重对方对时间的态度，此类非语言交际在很大程度上可以体现不同文化间的差异。但实际上，这一阅读篇章仍有可供挖掘的文化知识，教师在进行教学前可收集表示母语文化和目标语文化中的相应时间观念特点的资源进行拓展。

（二）读中活动教学策略

1. 创设文化情境，优化课堂氛围

为了培养学生的核心素养，良好的文化情境是进行文化教学不可或缺的条件，因为文化具有特殊性和内隐性，在接近真实的情境中进行教学有利于培养学生对文化的敏感性和对文化异同的感知性。无论是显性的情境交际活动，还是隐性的文化熏陶，均需要师生共同打造良好的文化氛围以实现文化教学的目标。调查发现，仅有少部分教师在阅读教学过程中创设了与主题相符的文化情境，大部分教师在教学中仍然采用传统教学方式进行教学，还有一些教师对于教材中的文化素材照本宣科，将文化要点讲完以后让学生读、背，然后再做选择题、正误判断题。没有深入的讨论，这样“换汤不换药”的教学割裂了语言、文化、交际的关系，难以让学生的文化意识有深度和广度的拓展。其效果远低于良好的情境提供的沉浸式文化体验。在阅读教学的过程中，教师可根据阅读主题设计与文本内容相似的交际环境，如角色扮演可以帮助学生克服文化灌输带来的“疲劳”，促进跨文化对话的过程，同时给学生提供口头交流的机会。英语教师还可以使用电影、模拟、游戏、文化胶囊等文化教学手段，以帮助学生在课堂上进行文化适应。

2. 整合教学内容，加强文化对比

教材的阅读文本中，目标语文化内容和本土文化内容各占一定比例，但总体而言，目标语言文化占比仍高于母语文化占比，存在文化内容不平衡的情况，同

时，在阅读教学的过程中，中西文化交融性不强，文化对比不够突出等问题比比皆是。为了解决上述问题，首先，教师需要在备课阶段，根据阅读文本的文化特点，寻求同一主题维度下的母语文化或目标语文化知识进行文化补充。鉴于母语文化在教材中的占比较低，教师尤其应搜集母语文化资料进行补充，促进母语文化和目标语文化的交融，提升学生对中国文化的理解和感悟。其次，教师应根据阅读材料所涉及的中西文化的异同设置相应的文化对比活动，文化对比活动不应局限于基础的文化知识的罗列，活动方式应更多样，可设置小组辩论赛、课本剧、情景剧等活动增加学生对文化差异的切身认知和深入理解；文化对比活动的情景设置应更真实，尽可能贴近学生的生活，以增加学生的参与感，文化对比的内容应尽可能做到传统文化和现代文化的平衡。

（三）读后活动教学策略

1. 聚焦评价目标，选择评价内容

教学评价根据其目标和作用的不同，可分为不同种类，在探究教师的阅读教学培养学生的文化意识的研究中，主要需要对学生的文化意识习得水平进行评价，因为文化意识相较于语言基础知识而言更具特殊性，相应的评价内容也需要具有针对性。在现有初中英语教材中，阅读篇章后一般附有一系列用于理解文本信息的练习题，学生在理解阅读篇章后，需完成相应的练习题以巩固所学知识，练习题一般涉及语言知识点、阅读文本内容理解、文章主题探讨等内容。明确评价内容有利于发挥教学评价的诊断、激励、调节等作用，也是教学活动顺利进行的保障。教师在选择评价内容时，应以阅读文本的内容和主题为参考，适当增添与之相关的文化知识，并将不同的跨文化交际知识或文化对比知识融入其中，以更好地衡量学生文化意识的水平，也有助于学生进一步巩固所习得的知识。

2. 完善评价方式，扩充评价主体

在英语核心素养的指导下，测评是英语教学中必不可少的环节，在测评中应适量增加文化因素，将文化意识的培养与语言学习有效结合，突出对中华优秀传统文化的考查，引导学生增强文化自觉和文化自信。文化具有多样性，在多元文化知识的作用下，对学生文化意识的评价方式需采取多元化评价方式。多元化评价方式需要达成两个目标，评价主体的多元化和评价方式的多样性。

首先，教师应当综合考虑学科核心素养所规定的语言能力、文化意识、思维品质、学习能力这四个方面的目标要求及特点，据此选择评价内容，增加开放性、多元性的主观试题，考查学生的文化意识水平。

其次，在平日练习和测试中设计一些涉及文化常识且学生容易出现文化语用失误的题项，巧妙地将文化意识的考查融入试题中。这样教师既借助考试和测评的方式让学生重视文化知识，有意识地提高文化敏感度，也借助考试的内容向学生介绍语言差异和中外文化差异。传统的评价方式中，教师是唯一的评价者，但在当代课程价值取向中，发展的中心和落脚点都归于学生。因此，课程评价必须对学生这一发展主体有一个清楚、完整的认识，以便更好地突显学生的主体地位。

三、加强问题链教学模式的运用

（一）问题链的定义

为了培养学生的核心素养，问题链是课堂上一种较为普遍的解决问题的方法。对于问题链的界定，不同的教育研究者有不同的观点。王后雄在《“问题链”的类型及教学功能——以化学教学为例》一文中认为问题链是指在学习者现有知识和经验的基础上，教师为了实现教学目标，将教科书知识转化为符合学习者现有认知水平的一连串教学问题。它就像一条链子，将问题与教学目标紧密联系在一起，问题链不仅是由教师发问，而是师生多角度、多层次地主动探索和学习。在问题链中，教师指导学生主动地解答问题和建立新知，进而培养了学习者的独立思考能力和创造性思维品质。

朱秋虹在《问题链导学设计的实践与思考》一文中认为问题链应以教学的整体目标为出发点，把所要教学的知识点转化为彼此相关的一个个问题；从关键性问题入手，抓住核心问题，并适当地用辅助性问题进行启发。将问题链定义总结为教师设计的一系列相互联系、循序渐进的问题。教师通过设计一系列互相关联的问题，激发学生深入思考，掌握文章的核心内容。

（二）问题链教学模式的定义

通过梳理相关文献，发现不同的学者对该模式有不同的见解。焦冰在《问题驱动和思维引导的教学模式探索与实践》一文中认为该模式是基于建构主义理论发展的新教学模式，注重将学习活动与解决问题相结合，以发掘新问题来维持学习者的兴趣，使学习者在课堂中处于主动地位。

王后雄在《“问题链”的类型及教学功能——以化学教学为例》一文中认为问题链教学模式是教师根据每节课的重难点以及学习者现有的知识和经验，将教学内容转化为一系列具有内在逻辑的问题，并以此来协助教师实现教学目标的一种活动。裴松在《问题链在高中英语阅读教学中的运用》一文中认为问题链是有层次、互相关联的，教师可以根据教学目标，结合学习者已有的知识和经验，创设问题链。

基于此，我们把问题链教学模式定义为一系列具有内在逻辑且层层递进的问题串，教师通过对问题链的设计，可以增强学生的学习兴趣，提升学生思维参与度并提高学生的学习成绩。问题链教学模式是教师引导学生不断解决问题的一个过程，该教学模式以问题为核心，培养学生独立解决问题的能力。问题链教学模式的实质是教师根据教学内容设计一系列问题，这些问题是层层递进的，前一个问题是后一个问题的延续，学生在解答问题的过程中，可以理清文章脉络和作者所要表达的思想感情。问题链教学模式符合新课标要求，能让学生主动参与学习。该模式以问题为桥梁，让学生主动参与课堂，培养自主学习能力，提高解决问题的能力，从而更好地培养学生的英语阅读素养。

（三）问题链的设计原则

1. 层次性原则

建构主义学习理论指出，人们对事物的认识往往是从简单到复杂的，因此，问题链的设计应符合学习者的认知水平。教师在设计问题链的过程中要考虑到所有的学生，问题的设置应由浅入深、由易到难，前一个问题是后一个问题的基础，后一个问题是前一个问题的延伸，从而逐步形成问题链。对教师而言，问题链相当于教师的“教具”，它可以使学生的学习更具创造性，并推动学生的思维能力快速发展。

2. 适度性原则

根据最近发展区理论，教师设计的问题应满足学习者当前的理解水平，问题不应太简单或太复杂。除此之外，问题的数量和难度也要合理，面对太浅显的问题，学生不感兴趣，因为他们会觉得教师“低估”了他们。同理，对于过于复杂的问题，学生也很难说出正确答案。因此，问题链教学模式中的问题应体现适度性原则，教师应根据学生现有的知识储备和在教师指导下即将达到的水平设计问题。

3. 客观性原则

设置问题链不能单纯追求问题链设计的连贯性，要根据学生对问题的接受能力，科学地评估学生的接受程度。设置的问题也要有弹性和技巧，要顾及大多数学生的情况，及时加以指导和表扬，有利于学生树立积极的心态。

四、促进教师践行英语学习活动观

（一）学校提供充足的外部保障

1. 优化培训形式，推动理念实施

为了培养学生的核心素养，一方面，学校应加强英语学习活动观理论宣传，营造学术氛围。首先，学校应当依据《义务教育英语课程标准（2022 年版）》所倡导的理念，重新审视自己的办学方针，改变不合时宜的英语教学方式和评价方式；其次，学校应提供人力、物力、财力等多方面的资源预备，为英语教师提供外出学习、自主学习的资金支持，鼓励英语教师积极进行理论和实践研究；最后，学校领导与普通教师之间应加强沟通，了解教师的实际需求。并且学校也要精准“扶贫”，加大对中老年教师“英语学习活动观”理论的强调力度，提高全体英语教师的专业素质。如此自上而下地重视“英语学习活动观”理念的落实，从而营造良好的新课改实施氛围。另一方面，积极优化传统的讲座式培训形式，对培训模式予以一定程度的丰富。培训应当规避对英语学习活动观基本理念与意义的一贯重复，构建出一个实践与互动较为频繁的英语学科工作坊。诸如，学校可以组建英语学习活动观教研小组，聘请校外专家做辅导，鼓励教师积极学习和研究；还可以举办“英语学习活动观”教学比赛，设置具有价值意义的奖项和奖品等，真正激发教师的研究和实践热情，并在此基础上鼓励教师撰写研究论文，强化成果意识。

2. 促进校际合作，实现资源互通

为了培养学生的核心素养，学校要加强与其他学校之间的交流与合作，促进资源互通有无。例如，重点中学可以和普通中学共同合作，联合举办英语教学技能大赛，开展有关“英语学习活动观”理念的英语教师交流活动，将“英语学习活动观”更好地运用于实践。普通中学可以为教师多多争取校外交流、培训的机会，鼓励教师进入重点中学进行教学观摩等活动。有些普通中学教师表示，自己所在的学校不像一些位于主城区中心的学校，能够首先获取先进的教育资源。这表明，一些地理位置不好的中学缺乏一定的优质教育资源，普通英语教师难以近距离接触到关于英语学习活动观的专家培训和交流活动，很多教师只能自己去摸索英语学习活动观理念的内涵、实际运用等。因此，校与校之间可以加强沟通合作，取长补短。

（二）教师自身加强理论研究

1．深度解读文本，梳理教学目标

图式理论提出，语言图式是指关于文章的基本知识，包括词汇、语法和句型等；内容图式是关于文章内容的背景知识，包括主题、文化等方面的知识；形式图式是关于文章的语篇结构、语言特点等方面的知识。结合图式理论中对阅读理解的特点分类，一方面，教师应当把握语篇的逻辑结构，遵循是什么—为什么—怎么样的文本解读思路进行文本的梳理，提炼中心思想和主题意义；另一方面，教师应当关注文本的整体性，从语篇解读的五个角度进行深度解读，即主题、语篇内容、篇章结构、语言特点和作者意图。结合起来看，“是什么”确定语篇的主题和内容，此为语言图式；“为什么”确定主题和作者意图，是内容图式；“怎么样”确定篇章结构和语言特点，是形式图式。也就是说，教师应当从逻辑结构的三个层面和语篇解读的五个角度出发开展文本解读。

对文本进行解读后，教师应根据单元的总体教学目标和要求，结合学情，聚焦到具体的课时目标。教师在梳理教学目标时，可以结合英语学习活动观的三个层次和对文本的解读，基于主题意义完善问题和活动设计，为学生构建思维发展途径，形成由基础性到实践性再到迁移性循序渐进的“活动链”，从而促进学生在获取、整合、分析、评判等活动中围绕语篇形成结构化知识，达成深度学习和发展高阶思维的目标。由此可见，教学目标应由低层次逐步走向高层次，体现学生低阶思维向高阶思维发展的过程，促进英语学习活动观在教学中的落地，最终指向学生英语学科核心素养四个要素的协调发展。

语篇是学习内容的载体，英语学习活动观是学习的有效途径，教师通过深度解读文本来把握语篇的主题内容，才能结合英语学习活动观设立可达成、可操作、可评价的教学目标，落实英语学科的育人目标。因此，教师应以学科育人的教学目标为引领，以深度解读的语篇内容为依托，以实施英语学习活动观的教学方式为保障来进行教学。

2．聚焦学习活动观，均衡活动类型

根据教育目标分类理论和英语学习活动观的三个层次可知，低阶思维包括记忆、理解、应用，此为学习理解和应用实践；高阶思维包括分析、评价、创造，此为迁移创新。在英语核心素养的指导下，教师应基于所设立的教学目标，进阶性地设计教学活动，改变教学设计中对学习理解和应用实践类活动的偏倚现象，提高对创新迁移类活动的重视，均衡活动类型，设计批判性思维活动，培养学生基于文章背后的价值取向和意图进行分析的能力。

首先，教师应保证活动的连续性。教师需立足于教学目标，明确教学重难点，从学生的认知水平出发，部署每一个阅读阶段的活动，合理分配活动时间，形成“活动流”的课堂模式。经过循序渐进的活动，促进学生思维能力的持续提升，使学生能够由低阶逻辑思维发展转向高阶逻辑思维发展，最终实现深度学习。

其次，教师要设计具有挑战性、创新性的活动。例如，教师可以围绕主题意义和语篇文本为学生设置师生互动、生生互动的诸如访谈、角色扮演等一系列对话式活动，在活动开展过程中展现思维成果。由此帮助学生结合实际情境处理问题，推进知识的运用进程以及迁移进程。

最后，教师应提高活动主体互动的有效性。教师在实施教学时，应由活动的掌控者过渡为活动的参与者，全身心地投入学生群体中，调整和控制课堂氛围，适时给予学生一定的有效提示与恰当评价，由此构建一种平等对话的师生关系，促使学生能够自主地参与到活动中。

第七章　核心素养下初中英语口语教学

本章分为初中英语口语教学概述、初中英语口语教学设计、核心素养下初中英语口语教学策略三部分。

第一节　初中英语口语教学概述

一、英语口语教学研究

（一）国外英语口语教学研究

与国内相比，国外学术界对英语口语的研究早得多。由于资本主义不断发展，各国之间联系、交往更加密切，产生于16世纪的语法翻译法不能满足社会发展的需要。19世纪末，国际语音学会成立，推动了直接法的形成和发展。直接法（也称“自然法”）坚持课堂上应该使用目标语进行教学，代表人物是德国外语教学法专家贝立兹（Berlitz）和英国语言学家帕默（Palmer）。贝立兹主张在外语教学中创造与儿童习得母语相仿的自然环境，并采用儿童习得母语的自然方法。帕默则认为语言是一种习惯，学习一种语言就是培养一种新的习惯。自然法是对儿童学习母语的自然过程的模仿，主张把外语和它所表达的事物直接联系起来，在教学中使用目标语进行教学，排斥母语，通过各种直观手段直接学习，直接理解和运用。20世纪20年代，人们开始对直接法产生异议，认为只培养口语能力是不现实的。教师的外语口语能力和学生对口语技能的需求与直接法有一定的距离。其弊端在于：第一，排斥母语使学生难以理解一些抽象和复杂的概念；第二，没有明确的语法解释，导致学生说出的句子中语法错误较多，以牺牲学生的英语口语准确性为代价。直到20世纪40年代诞生了听说法，“主张听说领先”，听说领先指出听和说是一切言语活动的基础，以培养口语能力为主，以读写为辅。20世纪30年代到60年代，英国一批教学法专家在直接法的基础上衍生出“口语法”，

20 世纪 50 年代以后改为“情境法”。口语法是直接法的演进，而情境法是口语法的发展。20 世纪 70 年代初期，交际法出现在以英国为中心的欧洲经济共同体国家。它以语言功能项目为纲，培养学习者在特定社会语境中运用语言进行交际的能力。代表人有英国语言学家威尔金斯（Wilkins）、英国语言教育学家亚历山大（Alexander）等。亚历山大的《新概念英语》至今在中国仍家喻户晓。交际法的语言观认为，语言是表达意义的系统，它的基本功能是社会交际，因此第二语言教学的目的不仅在于让学习者掌握语言规则，能正确使用语言，还应该掌握语言的使用规则，注意语言使用的得体性。从 20 世纪 70 年代末到 80 年代初，克拉申提出了新的自然法，为外语教学提供了新方向。他认为语言习得是无意识地掌握语言，是在自然交际情境中培养运用语言的能力，并在无意识中习得语法的一般规则。语言学习则指有意识地让学生学习语言规则和形式。克拉申认为在学习英语的过程中，用习得的方式比学习的方式效果要好得多。因此，课堂环境设置应该尽量接近学生的生活实际。

在国外，教育学家和语言学家对口语教学进行研究的发展历程较长，所以在口语教学方面的理论较国内更加丰富。不少外国教育家提出了自己关于口语教学的看法，并发展和形成了自己的教学方法和教学理论体系，吸引了各国不少教育教学者进行实践。先进的教育教学理念和教学方法值得我们学习，但是在运用这些教学方法时，教师也应该充分考虑自身的实际教学情况，合理地选择教学方法并予以实施。多思考在个人实施教学活动时所存在的问题以及出现该问题的原因，并尝试探索出切实可行的解决方法，取其精华，切莫跟风或盲目模仿。

（二）国内英语口语教学研究

我国英语口语教学研究起步较晚，在 20 世纪 90 年代后期才开始逐步开展口语方面的研究。在 2002 年之前主要进行文献资料整理研究，2005 年以后开始进行实证研究，将适用于英语口语教学的方法运用于日常课堂教学之中。在中国知网（CNKI）上搜索关键词“初中英语口语教学”，检索到 1387 条结果（2010—2020 年）。从具体数据可以看出，近些年初中英语口语教学研究不断发展壮大。国内外语界对英语口语的研究总体上呈上升趋势，相关文献主要以实证研究和非材料性研究为主，其主题包括初中英语课堂教学、口语表达能力、应用研究、任务型教学、合作学习、教学策略等。

江西上饶师范学院的赖文斌、温湘频在《初中英语口语教学中的情境创设》中提到，教师在进行口语教学时，可利用情境教学法，帮助学生在课堂上模拟交际对话时创设情境，在情境中自然地学习英语。这样不仅有利于活跃口语课堂氛围，还能进一步激发学生的学习兴趣，使学生能够自然地建构知识。同时提出了具体创设情境的方法以及需要注意的问题。学习者口语能力提高的关键在于充分发展口语交际能力。口语课堂应将真实的语言引入学习的情境之中，把课堂中的语言学习和课堂外对语言的活用结合进来，为学习者提供更多的语言运用机会，以克服传统口语教学模式中存在的缺陷。上海师范大学的刘静静也在其论文《初中英语口语教学的行动研究》中指出可将交际教学、情境教学、任务型教学结合运用于初中英语口语教学。在运用交际法时，教师可利用情境加强师生互动，学生可以在真实的交际任务完成过程中不知不觉地获取英语交际技能。

学生在口语方面薄弱是中国英语学习者的一个普遍现象，该问题引起了不少外语界人士的关注。他们在探讨如何克服学生的口语障碍、发展学生的口语表达能力、创新口语教学方法上做出了不断的尝试，如利用情境教学法、交际法、任务教学法进行口语教学。口语问题亟待解决，而产出导向法是基于中国国情孕育而生的教学理论体系，符合中国外语学习者的学情，可以将其运用于口语教学之中。

二、初中英语口语教学的理论基础

（一）多模态理论

1．多模态话语分析

20世纪90年代中期以来，许多研究者以英国当代语言学家韩礼德（Halliday）的系统功能语言学为基础，将语篇分析的研究对象从语言符号系统转移到图像、声音、动作等多模态交际手段。这为多模态语篇分析的开展提供了重要的理论依据和实践方法。多模态语篇分析的意义在于它可以将言语和其他相关意义的资源整合起来。这种整合不仅可以看到语言系统在意义交换过程中的作用，而且还可以看到图像、声音、颜色等其他符号系统在这个过程中的功能，从而使语篇意义的解读更加全面、准确，最终达到了解人类社会如何通过多模态手段完成社会交际的目的。

系统功能语言学是最适合研究多模态话语的理论模式，其主要原因有以下三个方面：①系统功能语言学不仅关心语言内部的运作机制，同时还研究语言外的环境和动因，以及伴随语言的实现意义的特征，即其他体现意义的适合于不同模态的媒体，话语的多模态性实际上是包括在这个框架之内的；②系统功能语言学以话语的意义和功能为导向，以符号系统为实现方式；③意义的实现是以多模态形式进行的，语言只是这些形式中最有效的一种。

2. 多模态教学

多模态理论综合框架主要包括四个层面：内容层面、语境层面、文化层面和表达层面。

（1）内容层面

内容层面涵盖了形式以及意义等方面。通过话语意义层面形成话语所涉及的领域、基调以及形式所作用的谋篇、概念及人际等意义，形式层面涉及关系与形式。所有模态全包含自身的形式体系，如视觉语法等。模态是彼此相关的，存在互补以及非互补关系，对话语意义展开共同阐述。形式与关系将话语意义与媒体关联在一起，属于多模态话语分析理论的核心步骤，是探析以及使用此理论的根本。

（2）语境层面

在情景语境内，交际会受到语境要素影响，涉及话语范围、基调以及方式语境要素。

（3）文化层面

文化层面即文化语境，包含了意识形态以及体裁。在全部框架内，文化层面具有核心影响。文化层面将显著影响交际的现有方式。

情景语境能够对交际话语进行解释。人类的生活习惯、思维方式、处世原则以及所有社会的潜规则所形成的诸多意识样态全属于文化层面的相应内容。针对语篇进行恰当的解析需要于文化层面展开探析，在实际中能够完成此类意识样态的沟通步骤与结构潜势叫作“体裁”，因而体裁可以对文化层面的相应内容进行充分反映。

（4）表达层面

表达层面着重阐述媒体借助语言以及非语言进行表达。语言涵盖伴语言以及纯语言，非语言涉及身体语言（面部表情、姿势和动作等）和非身体语言（工具因素，如PPT、实验室、互联网、投影仪等）两方面。

在课堂教学中，多模态教学模式提倡合理运用多种多样的符号在教学实践中相互配合以加强、补充和拓展话语意义的表达，它注重有效激发学生参加教学活动的热情。让学生具有自由、轻松以及自我掌握感强的学习环境，使用多种感官，有助于充分理解和掌握教学内容，从而达到提高学生的基本语言技能的目的。在多模态教学模式中，学习者通过感知、理解、编码和存储从课堂学习中获得信息。以多模态话语分析综合框架指导多模态教学模式在初中英语词汇教学中进行应用，教师能够借助视频以及图片等为学生进行直观展示，引入词汇。多模态话语分析综合理论框架强调通过语言和非语言共同交际，教师应设计任务，让学生在合作互动中调动听觉、视觉等，积极参与到轻松活跃的气氛中。

（二）教育生态学理论

1. 教育生态学的内涵

教育生态学这一术语是由美国教育家克雷明（Cremin）在《公共教育》中率先提出的。根据克雷明的观点，教育生态学是运用生态学原理揭示教育规律、探索教育趋势、解决教育问题的一门学科。克雷明把教育视为一个复杂多元的生态系统，该系统中的各要素之间相互作用、相互影响。这一新兴学科引起了国内外学者的广泛关注，在克雷明的理论的基础上，国内外学者对教育生态学的内涵有着不同的理解。

英国学者艾格莱斯顿（Eggleston）认为，教育生态学就是研究教育资源的分布。基于生态学的研究，教育生态学所关注的是该系统中的生态主体的行为方式及其与周围环境的关系。

原南京师范大学环境科学研究所所长吴鼎福指出，教育生态学就是研究教育与其周围生态环境相互关系的一门学科。也有学者认为教育生态学的研究对象是教育生态系统，教育学的研究就是借助生态系统的规律性实现教育功能与教育效益的优化与整合。

国内外学者对于教育生态学的内涵理解侧重点有所不同，但都是围绕克雷明的教育生态系统观念，用联系发展的理论分析教育生态系统各要素之间的关系，审视教育现象与教育问题，实现教育过程的健康可持续发展。

2. 教育生态学的基本原理

教育生态学的基本原理反映了教育内部各环节、各系统之间，以及与外部生态环境之间本质、必然的联系。

（1）限制因子定律

在生态学中，限制因子定律是指当生态要素超过其最大承受范围时，就起到限制的作用，即制约有机体的新陈代谢。在教育生态系统中，限制因子就是阻碍教育教学活动的关键因素。随着教学活动的不断开展，阻碍因素也是变化、多样的。在不同的教育阶段，可能会出现不同的限制因子。基于限制因子定律，教师应善于发现影响教育生态系统不同阶段发展的关键限制因子，根据教育生态主体

（学生）的身心发展规律与特点，准确把握课堂，适时调整教学模式与策略。

（2）教育生态位原理

生态位是指在一个群落中，每个物种都有不同于其他物种的时间、空间位置，也包括在生物群落中的功能、地位。生态位原理是指某一生物在生态系统中的地位和作用对社会各方面有促进作用，与其他系统共存。生态位的问题也存在于教育生态中。从教育个体生态系统的角度看，教师与学生个体在班级这个生态环境中都处于相应的位置，都有自己的生态位。这种生态位的形成原因是多方面的。在主观上，其一受师生自身的知识、能力、性格等因素的影响，其二体现在教师对自身角色的认知与定位上。在客观上，学校环境、教学方式、育人观念等都会影响教师与学生个体的生态位。

（3）耐度定律与最适度原则

1913 年，美国生态学家谢尔福德（Shelford）提出耐度定律，即一个生物能够出现且成功地生存，要依赖各种复杂的条件。生物对每一种生态因子都有其适应范围，“过”和“不及”都是有害的。教育生态系统在其发展过程中，对周围生态环境和各种生态因子都有自己的适应范围和区间。因此，教育生态系统也应遵循耐度定律和最适度原则，创设持续发展的健康教育生态环境，采用符合学生身心发展的规律教学方式，从而实现教育过程的适度优化发展。

第二节　初中英语口语教学设计

一、初中英语口语教学设计原则

（一）交际中心原则

英语教师在初中英语口语教学设计中开展的所有教育活动均应以交际为中心，使其他教育活动均为交际服务。口语教育活动涵盖直接性教育活动与间接性教育活动。前者指的是与英语口语课程教育有关的活动，如教师面向学生提出疑问与学生回答，以及教师组织口语实践活动，鼓励学生展开口语交际等；后者指的是对于完成口语交际实践有一定帮助的教育活动，如引导学生说出与口语交际主题有关的单词与句型，同时强化实践锻炼等。英语教师在口语教育实践当中，要确保所有教育活动以交际中心原则为基准而展开，保证英语口语教学可以顺利进行。

（二）信息互补原则

在初中英语口语教学设计中，英语教师应重现语言具体交际过程。一般来说，在现实交际环境当中，人与人之间通常会应用各种语言和差异化的交际形式展开交流。而英语交际形式往往存在普遍与既定特点，其中最关键的特点便是信息差，即交际双方所占有的信息内容不同。在实际交际情境当中，交际双方往往会由于双方掌握不同的信息内容而生成互相交流的动力及欲望。为确保初中英语口语课堂真实有效，英语教师要设计具备信息差特点的口语教育活动，同时也可以引导学生以适宜的方式进行信息互补。

（三）以生为本原则

传统教育模式普遍以教师为课堂中心，学生很少有参加课堂活动的机会，此种教育理念和教育模式在较大程度上忽视了学生在课堂中的主体地位。而在以交际教学法为主导的教育模式中，学生占据课堂主体地位，是课堂教育活动的中心，在教育活动当中承担实践者与参与者的角色。而这便要求英语教师应在教育过程中将学生置于中心地位，应用诸多教育方法，引进创新性教育手段，激发学生对口语知识学习以及口语交际的积极性，从而引导学生在日常生活当中应用所学知识与技能进行口语交际。

二、初中英语口语教学设计方法

（一）游戏教学法

1. 游戏与游戏化

“游戏”一词的起源由来已久，作为一种人类活动和娱乐的形式，其精神能够激发人们积极的情感体验和态度。随着时代的发展，游戏法也不断被应用于教育、心理学等诸多领域。play 和 game 两个词是西方的学术词汇用语中被用来表达“游戏”这一概念的，具体包括广义和狭义两类。play 是广义上的，一切具有娱乐性质的活动都可以被称作“游戏”；game 则是特指那些具有结构性、有一定组织和规模、有游戏规则加以约束的活动，这种活动甚至可以包括那些带有竞争性质的社会性游戏，即狭义的游戏。我们在教学中提及和运用的游戏通常是此意义范畴内的游戏。

游戏化就是把游戏元素、游戏设计与理念应用到其他的非游戏的情境中。游戏调研专家巴特尔（Bartle）是英国多人在线游戏设计的先驱，早在 20 世纪80年代，他就成为提出“游戏化（gamification）”这一概念的第一人。但是，直到2003年，在一次在线游戏界面设计时，英国咨询师尼克·佩林（Nick Pelling）才正式使用了“游戏化”这一定义，意为“把不是游戏的内容或工作变成游戏”。后来，人们为了给任务赋予更多乐趣，才开始把游戏的思维、元素及机制运用到其他领域的非游戏任务中，借助此种手段来激发内在动机的同时，达到提升任务完成的效果和收益的目的。游戏在人类文明的产生和发展方面扮演着重要的角色，其参与者是人。由于人的生活与游戏密切相关，教育又是生活的一部分，因而追本溯源，从本体意义上来说，游戏活动也蕴含着人类教育。游戏与教育等其他领域的结合之所以具有很强的适宜性是因为其根植于对儿童观察和研究的基础之上，因地制宜地结合实际情况后进行改进的。综上所述，游戏通常有以下特点：具有娱乐性、适应儿童的身心发展特点、有规则、有结构以及致力于发展其自觉主动性。

2. 游戏化教学

游戏对儿童发展的优势与价值体现在身体与认知、情绪情感和社会交往等诸多层面，进而影响学生的学业成就、智商和情商的发展水平，这也成为全球教育者的共识。从认知维度来看，游戏凭借趣味性、挑战性等特点，在维持和提升学生内部动机、参与度和沉浸度等方面具有积极意义。游戏化教学就是将游戏应用到教学情境中，借助这种方法丰富学习过程，激发学生的内在动机，助力学习效果的提升。也就是说，游戏化教学手段提供了一个合作与竞争的情境，使学生乐在其中，将学习视为一种内在动力或内部需求，对学习产生浓厚的兴趣，更加有意愿参与到学习活动中，能够自觉地完成相应的学习任务并不断推进学习的进程。因此，将游戏与教育领域结合，从而探索游戏化教学的路径和对教学的促进作用成为教育家热议的话题。

3. 游戏教学法的应用

（1）丰富体验，增强学习者的学习兴趣

游戏以其趣味性和愉悦性等特征吸引游戏参与者乐此不疲地自愿被卷入其中。长期以来，游戏在教育领域的应用一直是重要的研究课题。游戏具有自由性、随意性和趣味性的特点，在丰富课堂教学形式、提升学习效果方面具有显著的积极作用。游戏化教学，即使教学过程具有游戏的性质或状态。

学生学习时出现些许错误在所难免，关键在于及时改正，如若不然，定会影响他们对知识的学习与掌握。可是一旦改正方式不得当，如过于强调答案正确与否，则极有可能挫伤学生对于口语学习的积极态度，进而渐渐地失去对学习的欲求。游戏是一种深受学生欢迎的形式，在课堂中开展教学游戏在一定程度上可以避免练习的枯燥乏味，抵消一部分紧张和畏难的情绪。妙趣横生的学习体验可以引起学生的注意，提高他们的参与意愿，饶有兴致地多次练习后，加深记忆。例如，在学习可数名词单数与复数形式变化时，学生经常会忘记复数形式的使用，如果教师增加歌曲游戏环节，能够潜移默化地使学生加深对这一知识点的掌握，丰富他们的学习体验，以便更快速地掌握这类知识。

（2）创设学习情境，贴合学生的经验和体验

具身认知理论认为，认知是在人不断地身体的体验和运动过程中逐渐形成的。人脑承担着提供人类认知的作用，它存在于身体中，身体又与所处的环境不可分割。因而在初中英语口语教学中，学生学习过程中的体验也是衡量课程质量的重要标准，良好的学习情境能丰富这种体验。

课堂教学的整体语境有助于推动学生深刻认识课文意义，教师应在确保课堂主题语境真实性的基础上力求语境的连贯，结合课堂教学的需求，通过延伸或重构的方式形成整体语境，采用整体输入、重点融合等策略，做好课堂整体语境的创设工作，以此探究文本主题的深刻意义。游戏化元素同样能实现语境的创设，在此环境当中，利用游戏机制激起学生学习的积极主动性，克服负面情绪带来的不利影响，利用好双向互动与有意义的协商，最终实现高效参与和学习的目的。

游戏化口语教学就是为学习者创设一个真实的以学习内容为核心的情境，在这个情境中，学生的学习体验目标明确、挑战类型多样、正面反馈及时、学习形式有趣，极大地激发了学生的好奇心，使他们想要通过完成任务挑战来获得学习的成就感和控制感，满足他们的情感需要，从而激发学生口语学习的内在动机。游戏是教师课程设计中精心设计安排的一个环节，并非学习者自发采用的，游戏化教学的课堂学习氛围是轻松、愉悦、浓厚的，能够在很大程度上增强学生的课堂参与意愿、热情和课堂主体意识。将单元主题内容相互串联，融合单元文本，重构和延伸语境，立足于整体语境的创设，有利于学生更透彻地理解文本主题意义，诱发其内部学习动机，既注重教学的过程质量，也关注教学结果。

简言之，游戏化教学能够根据学生的经验和体验，将游戏活动同教学因素有机结合起来，提供一个较为真实、贴合教材单元主题的互动情境，使得教学资源和教学主题内容紧密结合，使学习者在轻松愉悦的状态下，对学习产生兴趣，使学生的口语较为自然的产生。

（二）任务型教学法

1. 任务型教学法的概念

任务型教学法指出，教师向学习者提供信息，学习者对这些信息进行思考并得出结论的活动就是任务活动。思考即学习者分析、比较、判断并得出结论的过程。在“做中学”、在“用中学”是英语口语任务型教学法的精髓。

任务型教学法即真实的任务型语言教学方法。其中的任务分为目标任务、教学任务和教室任务。学生在教室外使用外语所需要的任务即目标任务。师生一系列复杂的教学任务都是为学生的目标任务做准备的。

一系列的任务是任务型教学的基础，采用任务型教学方法是为了发展学生的语言能力。任务型教学以“做中学”为表现形式，以意义为中心，强调创造真实的情境，在真实的情境中使用语言。

2. 任务型教学法的原则

任务的五个原则：①首先要关注意义；②要完成任务；③要解决实际问题；④任务要与真实世界中的类似活动有关；⑤任务的结果决定任务完成情况。

任务型教学活动要遵循以下原则，即真实、有趣、互动、可操作、有信息差、结合教材内容、重视做事情的过程、重视学生素质能力的培养、难易度要适当。

三、初中英语口语教学设计模式

（一）生态教学模式

1. 生态教学模式的界定

1932 年，美国教育学者沃勒（Waller）首次提出“课堂生态学”，认为生态教学课堂如果要表现出其生态特征和功能，那么教育研究学者则应从多个层面深入了解生态的方法论和理论依据，多方构建课堂。目前，许多学者对生态与教育的构建进行了宏观探索。生态教学模式的构建研究有助于营造宽松和谐的学习环境，有助于培养生态化的教师，促进学生的可持续发展，并且能够为支持部分国家及地区经济发展的语言教育等贡献力量。目前，关于生态教学模式的界定尚未有统一的标准，但基本内涵有三种。

一是将生态教学模式等同于“课堂生态系统”。生态教学模式被认为是一个生态系统，主要通过对生态系统中的各因子进行生态分析，从而推动教学的进一步发展。也有学者认为，生态教学模式是一个由社会和心理互动组成的动态生态系统。从上述观点中可以看出人们对于生态教学模式的认识逐渐从静态走向动态，认同该模式不仅体现在物理层面的生态系统概念，而且强调心理的生态系统构建。

二是将生态教学模式等同于具有生态理念的模式，强调借助生态的理念观察课堂。教学的核心观是生态整体观，旨在追求人的生命价值，从教师、学生、环境的相互关系中寻求可持续的发展。该观点说明了生态主体和生态客体彼此是多元互动、相互牵制的作用，使教学过程由“预设”走向“生成”成为可能。学习就如同生态理念一样，强调尊重生命、追求生命的可持续发展，因此学习的发生背景也至少由一个背景、一名教师、一个学生和学习所需要的信息构成，是相互关联的生命发展过程。

三是强调生态教学模式是用生态化的观念和方法指导的课堂教学形态。从以生为本的观念出发，以生命质量的整体提升为目标，从构建领受、领悟、提升等三个生态教学形态出发，让课堂发展为一个有机系统。生态教学模式的最终目标是促进学生的可持续发展、促进人的生命完整发展。但该模式主要面向儿童的天性，构建缺乏学科特点，模式整体的范式还比较宽泛。虽然关于生态教学模式界定的研究的侧重点各有不同，但就课堂因素本身来看，学者肯定了生态教学模式是一种由教师、学生、环境等生态因子多元互动、可持续的课堂教学形态。此外，生态教学模式与个性差异化教学既有融合之处，又各有其特点。其相似点在于两者都肯定顺应学生的天赋，尊重学生的个体差异，促进个体的个性化发展。但是，生态教学模式更多强调多元化和联系性，认为一切事物都是相互联系的，多元化是保持自然生态稳定的必要前提。生态教学模式是通过创设和谐、宽松的多向交流氛围和自然的语言学习环境来实现的，而且必须处于一种动态的平衡。这一平衡有助于激发个体可持续发展的潜力与独特的内在品质，从而促进教育和学生的可持续发展。

综上，生态教学模式对口语教学具有借鉴意义。口语教学不是一个单向输入或单向输出的过程，而是一个师生因子和语言教学环境多向交流的过程。生态教学模式不仅可以让学生在自然的语言环境和多元互动中掌握英语交际的口语表达能力，而且有助于促进学生口语能力的可持续发展。

2. 生态教学模式的基本特征

目前，生态教学模式的特征存在诸多研究视角，主要有两种论点。第一种从单一特征进行分析。例如，“原生态”教学模式的特征分别为多样性、整体性、适应性。第二种是从多元和联系的观点出发进行归类，认为生态教学模式的基本特征是开放性与交互性的统一、多元共存与和谐共生的统一、整体相关与动态平衡的统一、差异性与标准性的统一等。不同学者的观点的共同点在于认为生态教学模式是一个整体的系统，具有以下五种特征。

（1）差异与标准性

生态教学模式尤其重视“人本”，尊重生命的差异性、独特性以及满足学生的需求。教师既要根据学生个体的差异和经验进行教学，同时又要基于一定的标准和规律加以引导。生态教学模式的教学既需要尊重学生的个别差异，更需要基于教学的规律对学生加以引导，以实现课堂的可持续发展。

（2）系统整体性

任何一个系统的各组成因子有各自的运行规律，但它们之间绝非相互独立的，而是相互依存的整体。换言之，生态教学模式课堂中的每一个学生首先都是身心统一的整体，然后课堂教育也是能促进学生的全面发展的整体教育。系统整体性更强调生态教学模式中的师生关系具有整体性，即生态教学模式中的各个生态因子遵循生态平衡的规律，才能发挥各因子原有的功能，由此产生发挥整体功能的最佳效果，达到教育人、发展人、完善人的最佳教育目的。

（3）开放性

开放性指生态系统通过能量转换、物质循环和信息传递与外部进行联系，以求自身的发展与更新。开放性是与封闭性相对的特性。每个课堂都需要在一定程度上保持自身的特性，以防被外部同化或者改变，而课堂的开放性是为了防止课堂过于保守，停止自身的更新与发展。课堂作为一个系统，不但需要与外界环境进行交流，也需要与系统内部各因子之间进行调适，才能优化课堂的功能，因此具有开放性。

（4）共生性

共生性在生态系统中的形式分为互利和偏利两种。互利共生指师生因子之间相互影响、相互依赖。课堂教学不能只靠教师或者学生个人独自完成，而是借助这个系统每个生态体的共同合作才能完成。偏利共生主要表现在竞争关系上。无论是学生或教师参与竞争的结果必然导致一方得利、一方失利。但是，通过竞争，才能刺激他们进一步演化发展。从该层面来说，竞争关系促进了生态因子的成长，最终又发展为互利共生的关系。可见，生态因子之间息息相关，共荣共生。

（5）多样性

物种丰富多样是生态系统的最基本的特征。生态课堂由多种生态要素组成，每个生态因子不仅发挥着特有的功能，还与各个生态因子之间存在着多种联系。

具体来说，师生都各具其多样的特点，包括生态因子本身的多样性（如学生无论是性格类型还是语言基础都具有多样性特征，教师的课堂角色和行为特征也呈现多元性）、文化多样性（包括教师因子文化、学生因子文化等）。生态教学模式的多样性还体现在师生的互动也呈现出多样交互的状态。这就要求教师要构建和谐的师生关系，选择多种合理的教学方法等使得课堂各要素均处于相互适应、和谐发展的状态。

（二）混合式教学模式

2003 年的第七届全球华人计算机教育应用大会上，何克抗首次提出“混合式学习”这个概念并对之做了阐释，他认为“所谓的混合式学习就是要把传统学习方式的优势和 E-learning（数字化或网络化学习）的优势结合起来，既要发挥教师引导、启发、监控教学过程的主导作用，又要充分体现学生作为主体的主动性、积极性和创造性”。随着社会互联的进步、智能设备以及各类学习平台的完善和发展，信息技术逐渐渗透于各科教学之中。在这期间，各研究者对混合式教学的研究一直未曾间断。

各类信息技术的成熟为混合式教学中的线上自由学习提供了良好的平台和丰富的资源；各类学习 App 的推广成熟也使学生和教师之间在课外联系交流成为可能，并且给了学生不限时间及空间展示学习成果的机会。可以说信息技术的蓬勃发展也丰富了混合式教学的内涵。

混合式教学不同于传统课堂教学以教师的讲解为主，它强调的是课堂上学生学习的自主性与积极性，强调在学习过程中以学生为中心，教师起指导作用。在这一模式下，学生需要通过小组合作完成任务，采取多元化的手段提升学生的协作、创新能力。混合式教学设计出先由学生课前自学，然后在课上讨论汇报，课后再根据掌握情况进行巩固这样更加符合学生学习规律的教学模式。混合式教学在帮助学生形成主动学习的习惯、提升情感体验、提高协作能力、促进知识形成意义建构方面有着不凡的作用。

混合式教学的本质是让教师重新思考教与学的关系，重新对课堂进行设计。混合式课堂要利用信息技术的优势，将网络资源与线下教学结合起来，以期实现教学效果的最大化。这也必将是未来时代发展和基础教育改革的方向所在。

第三节　核心素养下初中英语口语教学策略

一、加强教育戏剧的运用

（一）丰富教师教育戏剧运用的知识

1.提升教师自主学习的积极性

一方面，从教师的角度出发，教师只有内心有提升自我的意识，才会获得自主学习的内部动力。终身学习理论要求教师不能停止学习的脚步，要树立终身学习的意识，提升自主学习的积极性。教师要树立正确的教育理念，课程改革强调实施素质教育，教师要转变“教书匠”的旧观念，注重培养学生的全面素养。因此，教师要进行自主学习，可以借助校内图书资源和网络学习平台学习先进的教育理念，学习如何提升学生素养的教育教学相关理论概念、特点、功能和具体教学方法等知识。还可以通过国家和政府的教育资源共享平台观摩学习优秀的课例，也可以参与教师职后培训等提升个人的教学能力。

另一方面，教师有了自主学习的内驱力，还需要从外部获得学习的动力。因此，学校要提供给教师自主学习的平台和自我提升的机会。学校不仅要重视建设教师队伍，加强教师之间的学习和交流，以同辈激励促进教师的学习积极性；还要建立教师学习分享的平台，以交流会、校刊等形式定期让教师分享学习心得，加强同学科教师以及不同学科教师的交流和学习，互通有无，学习优势，改进不足，使教师在愉悦宽松的学习氛围中形成自主学习的良好习惯。

2.加强教育戏剧理论知识的学习

在英语核心素养的指导下，教师具备扎实的教育戏剧理论知识才能在初中英语口语教学中自如地运用教育戏剧。教育戏剧教学方法在我国学校教育中的运用不算久远，教师对教育戏剧的理论知识普遍认识不深，教育戏剧理论知识的学习就显得尤为重要。首先，教师要对教育戏剧的由来和形成的时代背景有所了解，并对教育戏剧的理论渊源、历史发展要有清晰的认识。其次，教师容易混淆教育戏剧与我们传统意义上的戏剧，二者虽有交叉，但戏剧的内涵比教育戏剧广。教师要认真学习并区分这二者内涵和外延的区别。对教育戏剧的概念有清晰的认知是进一步提高理论水平的基础。最后，教师要了解教育戏剧在世界其他国家的已有研究和发展进程，更要对我国教育戏剧的发展脉络和已有研究了熟于心，进而学习教育戏剧的特点、功能和意义，这样才能明白运用教育戏剧的优势所在。重中之重是需要学习教育戏剧运用的原则和运用教育戏剧开展教学活动各个阶段的要求，掌握教育戏剧的基本方法和实施技巧。有了坚实的教育戏剧理论知识，在教学中运用教育戏剧时才有了教学实践的参考，遇到教育问题和困难时才能灵活地运用已有理论知识解决实践的问题。理论与实践是相辅相成的，教育戏剧教学实践促进教育戏剧理论的发展，教育戏剧理论的发展又有利于教育戏剧实践的开展。

3. 加强教学理论知识的学习

教学理论知识是教师开展教学实践的行动指南，教学理论知识能够帮助教师解决教学实践中遇到的各种各样的难题。教师要认识到教育教学理论知识指导个人教学实践的重要作用，发挥自身学习教育教学理论知识的主观能动性。主要从以下三个方面加强教学理论知识的学习。

第一，教师要有广博的知识储备，涉猎教育学、心理学、社会学、语言学以及英语学科的相关理论知识，了解学生的年龄特点和身心发展规律，从理论上了解学生该如何教，教什么以及怎么教。

第二，还需要紧随国家教育改革的步伐，学习和研读国家教育方针、政策和教育法规等知识，及时掌握教育教学变革的大方向，才能在教学改革中坚持正确的方向，认清师生的角色和地位，理解新型的师生关系，学习新的教学方法和手段等。

第三，要密切关注教育热点、英语学科研究前沿和教育戏剧的最新理论成果，提升理论知识水平的深度和广度。教师要有提高学习和吸收先进理论知识的自主意识和学习能力，才能不断完善自身的教学理论结构和理论水平，开展智慧教育。

（二）提升教师教育戏剧运用的能力

1. 注重科学选材与充分准备

教师是教学的设计者，提升教师的教学设计能力是提升教学效果和学校整体教学质量的有效保障。教学目标是教学的出发点和预期成果，在制定了明确的教学目标基础之上，要做好教学材料的科学选择和教学前的充分准备。教师要注重分析学情，要重视学生的年龄特点，结合学生的身心特征和认知特点选择教育戏剧材料。以最近发展区理论为指导，根据学生已有的知识水平和有可能达到的水平，选择与学生水平相适应的教育戏剧材料。还要注重把社会生活资源引用为教育戏剧材料，突出教学的生活化。教师还要根据教材内容和学情对教材进行二次开发，选用与教材内容相联系的故事或剧本作为教学的延伸和拓展。

2.注重有效指导与合理管控

教师是教学的组织者和实施者，教师的教学实施能力是教育戏剧在初中英语口语教学中运用质量的直接影响因素。教育戏剧在初中英语口语课堂教学中运用有助于构建新型的师生关系。教师的角色由知识的讲授者转变为学生主动学习的指导者、帮助者。学生由被动的接受者转变为主动学习知识的探索者、体验者。教师尤其要注重在教学中对学生进行适当的指导，在小组讨论和排练环节，教师要巡视班级，深入学习小组，观察学生的表现和学习进度，对学生存疑的地方实施指导，推进初中英语学习的进程。在学生的展示表演环节，根据学生的实时表现，对学生的语言表达、肢体动作、情感释放、人际交往、小组合作等方面进行指导，促进学生进入教学情境，代入角色，深化体验，产生角色共鸣。

教师还是课堂的管理者和调控者，课堂教学的有效开展有赖于教师的合理管控。运用教育戏剧模式的初中英语口语课堂的课堂氛围较为宽松，一旦教师疏于管控，课堂纪律就会变得混乱。因此，教师要严明纪律，初中生已有了初步的规矩和约定意识，教师运用教育戏剧开展教学活动时，要对肢体游戏、模仿等戏剧游戏，角色扮演、情景对话等戏剧方式进行规则和要求的说明，学生了解相关的规则后，在教师的组织和管理下有序地学习。在教学中，针对学生的特点，教师可以设计和构建一系列课堂口令和动作手势等辅助教学，提高教学效率和连贯性。

二、加强过程性评价的应用

（一）提升教师的过程性评价水平

1.培养过程性评价设计能力

教师在使用过程性评价时，需要对评价的内容与应用进行预先设计。首先采取调研的方式，对学生的实际需求与基本的学情进行调查，了解学生的实际需求与兴趣爱好，设计出行之有效的过程性评价方式。这可以被认为是因材施教式的过程性评价。其次，教师要从原有的“就题论题”样式的评价延伸到情感态度价值观的评价，对学生的学习兴趣和学习态度保持优先和持续的关注。

2.提升现场应用操作能力

在英语核心素养的指导下，教师在课堂的师生互评中应将自己纳入具体团队中并参与到评价过程中，同时尽量保持矜持的态度，将发言与辩论的机会留给普通学生，自己仅仅是在卡壳的关键点起到“力挽狂澜”的作用。例如，教师在问题的关键部分可以故意提出“这个问题老师也是存在疑问的，哪位同学可以说说自己的观点？”在获得正确答案之后，教师可以用赞许的眼神，伸出大拇指，甚至一个热情的拥抱等给予学生以高度的评价。教师在过程性评价中应该做到游刃有余，充分展示教师控制课堂以及现场应用操作的能力与水平。

要提升以上两点能力，教研活动无疑是最好的方式。通过评课，可以精确关注教师在评价方面的行为，保证教师把过程性评价放在评价方式的首位，努力实践、练习。

（二）优化过程性评价方式

1. 过程性评价方式选择

不同的评价方式选择都是基于一定条件而实现的，这就成为过程性评价方式选择的原因。过程性评价方式主要有教师评价、学生自评、学生互评、师生互评、测试评价，其中，学生自评是十分重要的，应该加以提倡。

（1）教师评价

教师可以在充分观察的同时，利用学生个人成长资料袋进行目标明确的评价，评价中不仅肯定学生的优势和进步，而且明确清楚地指出学生的错误和不足，有助于引导学生进行自我全面反思。比如教师可以将每次课堂中的小测试作为档案的主要内容，在阶段性测试成绩中进行汇总，获取综合性成绩。

（2）学生自评

初中是养成良好学习习惯和学习方法的关键时期，学生自我评价可以有效地促进他们在这些方面的发展。学生自评的重点在于引导学生将评价的重心指向学习态度、过程及结果，而不是只关心具体的成绩。

（3）学生互评

在学生自评的基础上，注重学生互评，增强学生之间的交流，让学生通过他人评价和自我评价更全面地认识自己，提高自我认知能力。但是，学生互评难以发挥效应，因为初中生的学识有限，再加上初中成长阶段的学生身心发育不完全，学生互评很容易变成一种形式，不能真实地反映学生的情况，偏离评价目标。此时，教师更应该发挥引导者的作用，积极引导学生从问题自身延伸到问题之外，促使学生进行互评，让学生评价变成学生相互尊重、相互欣赏的途径，从而更好地促进学生英语素养的提升。

(4) 师生互评

根据学生在口语学习活动中反映出来的带有共性和普遍性的问题，教师可以针对个案进行分析性的评价。教师与学生在平等基础上进行互评，学生在此过程中获得成长。

(5) 测试评价

初中英语口语学习中有大量的知识学习，针对复习巩固性知识，可以应用测试评价的方法。

2. 优化评价方式

教师每天要面对几十上百的学生，其压力和负担可想而知。但有时一些英语口语学习与练习任务没必要都由课堂全面包揽。尤其是对教师而言，作为单一评价者的形式已经不符合当前的新课标的要求。教师应该放手让学生去做，加强教师评价与学生自我评价的相互作用，同时引入家长评价，这样也有利于提高学生的思考能力、表达能力，所以，教师要确立学生在英语口语学习过程中的主体地位，引导学生进行主动评价。

三、开展形式多样的口语交际活动

在初中英语口语教学过程中，只重视课本知识教学是远远不够的，为了培养学生的核心素养，进一步提高学生的口语交际能力，教师要借助各类资源，发挥创新意识，开展形式多样的英语口语交际活动，一方面可以拓宽学生的知识视野，另一方面可以让学生通过活动提高语言交际能力，提高自身的英语口语素养。

例如，在“When Is Your Birthday?”这节课的学习中，教师可以挑选几名近期过生日的学生为其举行生日派对，模仿国外电影中举行生日派对的形式，开展一次口语交际活动。教师采用这样的教学方式不仅可以加深学生之间的友谊，同时也可以让学生在派对中尽情地发挥自己的英语才能。教师可以鼓励学生唱英文歌，看英文电影，用英文进行对话交流。但是值得注意的是，在进行口语交际活动的过程中，教师应尽量挑选一些学生喜闻乐见的迪士尼动画，避免一些英文电影中的行为对学生产生误导，造成不良影响。

第八章 核心素养下初中英语写作教学

本章分为初中英语写作教学概述、初中英语写作教学设计、核心素养下初中英语写作教学策略三部分。

第一节 初中英语写作教学概述

一、英语写作教学研究

英语写作是一种能够让人们通过由单词、句子、段落组成的文章来表达感情、传递信息的语言技能。写作是一个动态过程，通过大量的语言描述和具有创造性的心理活动过程，进行思想感情的表达和人际交流，所以写作是一种过程，也代表了一种结果。好的写作能力有助于我们处理日常学习和生活中的各种问题。因此，为了更好地培养学生的写作水平，教师就要具备较好的写作教学能力。

（一）国外英语写作教学研究

在输出的过程中，英语学习者既要具备一定的语言知识储备量，还要具有外语思维模式，能够地道地表达思想。因此，写作教学既重要又具有挑战性，在英语教学中始终占据重要地位。笔者通过对国外主流写作理论进行梳理，探寻写作教学的发展趋势，以期为国内写作教学提供借鉴。

20世纪60年代前，“结果教学法”诞生。该方法为写作教学常用的方法之一，它以结构主义和行为主义理论为基础，不仅注重知识与写作技巧的讲授，也非常重视所运用的单词、句子结构与衔接的准确性。结构主义忽视语言的功能，重视语言的形式；行为主义则认为学习产生于刺激与反应的联结，并通过强化形成习惯，最终以外显的行为表现出来。在这两种理论的影响下，结果教学法重结果，以最终的结果为中心，常以学生的写作结果作为评判学生写作能力的依据。由于结果教学法将学习者的学习成果与他们的外显行为等同，片面地将模仿视为学生的进步，使学生被动接受，也因忽视学生在写作过程中的认知变化而受到各方的指责。

20 世纪 70 年代，“过程教学法”诞生于结果教学法的指责声中。该方法以交际理论为基础，指出写作并非学习者的个人行为，强调参与群体性交际活动的重要性，帮助学习者在参与活动的过程中学会写作。与成果教学法相比，该方法更具有动态性，更注重写作者的主动性与积极性的培养，更注重他们写作能力乃至学习能力的发展。由此，写作教学更关注计划制订、材料找寻、草稿撰写和修改等过程，不再强调语法、篇章结构等语言知识。在过程教学法的指导下，教师角色从“支配者”转变为“帮助者”。学生主观能动性增强，成为学习的主体，写作教学质量得到明显提升。过程教学法成为写作教学的主流方法并被广泛应用于多个国家的外语或二语写作教学中。但由于过程教学法过于强调过程，忽略了学生基础知识的学习，且花费时间过长，导致费时低效现象的出现，逐渐受到学者的质疑。

20 世纪 80 年代，随着体裁理论的发展，“体裁教学法”出现。体裁教学法注重培养写作者的体裁意识，注重修辞结构和语言特征的学习。此外，体裁教学法注重语境和目的，旨在培养学生书写不同体裁文章的能力。其理论基础为体裁理论，该理论认为应该根据体裁来决定交际目的。与结果教学法相比，体裁教学法同样重视对范文的分析。不同的是，在范文分析环节，教师不仅介绍范文中使用的修辞和词汇，还会介绍不同体裁的结构与特点。与过程教学法相比，体裁教学法更加注重修辞结构和语言知识的学习。由此，可将体裁教学法视作结果教学法与过程教学法的拓展。尽管体裁教学法能够弥补上述两种方法的某些缺陷，但其本身也存在一些弊端。比如体裁种类繁多，课堂教学中难以穷尽；体裁知识讲解刻板，课堂氛围沉闷，以及忽视写作者写作技巧的学习。

20 世纪 80 年代，“任务型教学法”被印度学者普拉布（Prabhu）提出。一经提出，任务型教学法就受到了学者的重视，但有关任务的定义还存在争议。根据以往的研究，斯基汉对任务做了以下界定：任务需来自真实世界，应以意义为中心，要通过语言交际完成以及要以结果来评估。该方法以维果斯基等人提出的语言学习理论为基础。该理论特别重视学习时的社会互动性，并指出知识的获得是互动的必然结果。学生知识的发展首先要经历社会层面，其次经历个人层面，并在人们相互作用的过程中产生高级思维活动。20 世纪 90 年代，在中介语理论、输入假设和输出假设等理论的支撑下，任务型教学法发展迅速。20 世纪 90 年代后期更是被称为“任务的年代”，任务型教学法盛行。在写作教学中，任务型教学法强调以学习为中心的同时考虑到学习者的知识背景、兴趣，充分调动了他们的主动性和积极性；同时任务型教学法以完成写作任务为主要目的，重视人与人之间的交流互动，有助于写作者综合素质的提升。但在任务型教学法实施的过程中，过于强调交际性，师生难以把握写作训练的系统性，费时低效现象仍然存在。

综上所述，在各个历史发展阶段，国外写作教学因政治制度、经济以及教育背景的不同其侧重点也不同，由成果教学法逐渐发展至任务型教学法，各个教学法之间并非相互独立的，而是互相联系的。比如过程教学法增强了学生的主观能动性，改变了学生被动接受学习的现状，可以视为成果教学法的进一步发展。总之，有关国外写作教学法的研究不仅有坚实的理论基础，还有具体的操作步骤指导，对于各种方法的优点与不足之处也有学者系统地进行了探讨，研究系统且完善，为我国写作教学的发展提供了借鉴与参考。

（二）国内英语写作教学研究

英语写作水平是学生语言能力的综合体现。近年来，随着教育改革对教学的更多要求和期待，英语写作教学也成了众多学者研究的话题，国内的英语写作教学研究也迅速发展。在众多学者的研究下，国内兴起了很多新的英语写作教学方法。

传统的英语写作教学没有重视教师和学生间的交流互动，学生对写作仅仅是盲目地接受，教师也没有为学生营造良好的写作氛围，互动教学法改善了这种情况。有学者对写作现状进行思考，创造性地将多模态隐喻应用到写作教学中，经过研究分析发现，这会在很大程度上提升学生的写作能力。东北师范大学的陈青青在创客教育的指导思想下对英语写作教学进行了调整，更多地注重学生在课堂上的互动和分享，并且在这个过程中让学生能够表达自己的真情实感，从而创造出有意义的文章。大连外国语大学的朱效惠、袁欣在活动理论的视角下，在英语写作教学中开展合作探究式学习，经过研究发现，通过各种组织活动和引导学生，这些都会对学生的研究能力和写作能力的提高有所帮助。随着英语学科核心素养的提出，学者开始按照英语学科核心素养来规范学生的写作。

随着互联网的发展，教育领域也开始与互联网相结合，在现代社会背景下，网络已经随处可见，很多网络教学平台也逐渐出现。通过对现在数字化模式下的英语写作教学展开研究，我们认为写作教学和互联网的结合是当下的新趋势。在大数据的影响和推动下，很多教学都和网络相结合，但是也出现了一些不平衡的问题。

综上所述，在经历了传统的写作教学法的应用后，大家都开始关注新的写作教学法的研究，并尝试和其他理论相结合以创造新的写作教学模式。互联网迅速发展的背景下，也孕育了很多数字化的写作教学法，这都大大丰富了写作教学的研究范畴。

二、初中英语写作教学的理论基础

（一）深度学习理论

1. 深度学习的概念界定

深度学习是区别于浅层学习和宽度学习的学习概念，经常与浅层学习和宽度学习进行概念对比。

在知识获取阶段，浅层学习在获取知识时只关注被动的输入和接受，关注点在于知识本身的识别与记忆，不与原有的知识关联和结合，仅将知识作为一种零散、独立的信息进行储存，对知识的加工仅停留在识记与储存这一步，不做深入加工。深层学习则是通过主动接受新知识的输入，有意识、有目的地促进原有知识的进一步深加工，通过建立新旧知识之间的联系，批判性地将新知识纳入原有知识体系来构建自身的知识网络，并能进行有批判性和创造性的输出活动。通过在真实的情境中解决实际问题来发展实际应用能力，实现素质提升和全面发展，从而锻炼高阶思维能力。

在知识加工阶段，浅层学习更关注知识本身的意义，知识仅作为一种符号储存在大脑内，学生对知识的感知仅停留于对表面意义的关注和理解，而不去领悟知识背后的背景和更深层次的思想，如背后隐藏的情感态度、思维方式、人生意义、价值立场，还有学科思想和方法等。深度学习更强调在知识理解的基础上进行深层次的加工学习，对知识符号背后复杂的学科思想和思维方式进行感悟，在学习的过程中追寻成功的体验，实现自身价值和人生的感悟，获取情感上的升华。

在知识获取的量与程度上，深层学习可以与宽度学习进行区分。宽度学习更强调知识的大量输入，而深度学习更注重知识的横向延展和纵向的关联层次，其关注点在于质性学习。

2. 深度学习的应用策略

第一，深度学习作为一种教学的热点话题，对于英语学科来讲也是一种发展趋势。教师要关注教育发展趋势，树立终身学习的观念，接纳新的教学理念，促进自身的专业成长。教师应该对深度学习的含义有明确、清晰的认知，把握深度学习对初中英语写作学习的要求，在进行写作教学设计时才能灵活运用深度学习概念，让学生产生深层次的学习体验。

第二，在初中英语写作深度教学中，要立足于学生的真实情况进行教学设计，实事求是。教师要了解学生，通过问卷、访谈、观察等方法对学生的真实学情进行收集和把握，兼顾学生的兴趣和情感因素，以此为依据进行教学设计，实施“真实性目标—真实性学习—真实性评价”的教学流程。

第三，教师应该着重培养学生在真实语境中解决实际问题的能力，为学生提供真实的语境，合理选用教学策略是教师的重要责任。学生通过解决问题、完成任务的过程体验成功、获得发展，把握学科的核心本质，养成积极的学习态度，形成正确的价值观，最终体验深层次的学习过程，实现高阶思维能力的发展。

第四，教师应抛弃“唯成绩论”的偏见，改变以学习成绩判定学生学习成果的观念，不以单纯的提升成绩作为教学设计的出发点，而是在全面了解学生的基础上，以学生的全面和终身发展为宗旨，帮助学生进行深度学习。

（二）体裁分析理论

1. 体裁

学术写作专家约翰·史维尔（John Swales）在前人研究的基础上指出：①体裁是交际事件的一种分类，而交际事件既包括语篇本身和参与言语活动的人，又包括该语篇的功能、作用和产生、接受语篇的环境。②语篇在语言形式上的相同点是交际事件的分类标准之一，而不同语篇的交际目的则是交际事件的主要分类标准。③同一体裁的文章具有相同的交际目的，即使该文章在某些方面存在差异，也可以被看作相同体裁的语篇。④不同体裁的要求和规定对语篇的内容和形式起着制约作用。例如，人们在写议论文时，首先会阐明讨论的主题，并阐述别人的观点，最终用大量的篇幅表达自己的观点。⑤人们对体裁掌握和运用的熟练程度决定着人们对交际行为的组织是否得体和成功。

在前人的研究基础上，新加坡公立大学的学者巴提亚（Bhatia）对体裁进行了进一步的探究：①体裁是一种可辨认的交际事件。②体裁不是一般的交际事件，而是一种内部结构特征鲜明、高度约定俗成的交际事件，这种交际事件具有一整套可以被理解的交际目的，而该交际的目的是区分语篇体裁的重要标准。③在建构语篇时，我们必须遵循某种特定体裁所要求的惯例，即体裁对语篇的建构具有约定俗成的制约力。④尽管体裁有其惯例和制约性，人们仍可在体裁规定的框架内传递个人的意图或交际目的。

以上论述表明，交际目的决定着文章的体裁和文章的结构，这体现了体裁的常规性和制约性；同时，体裁也是语言使用者共同使用的社会交往工具，具有重复性和制约性，其基本原则不能随便更改，但这并不意味着体裁是一成不变的，作者可以在遵守语篇理据的基础上表达自己的观点。

2. 体裁分析

体裁分析既包括文体分析，又涉及语篇分析，旨在研究语篇的交际目的和语言使用策略。语篇的文体分析包括两个方面，一是语言描写，即从语音、词汇、句式及语篇内在结构等角度分析特定语篇的内部组织机制。以回答这篇文章的基本内容是什么。二是对特定语篇所选择语言成分的得体性进行分析，以回答该文章是如何表达其基本内容的，从而达到对语篇鉴赏的目的。前者是后者分析的基础，后者则是挖掘语篇的深层语义。所谓的“语篇分析”是指语域分析，即从影响语篇的社会情景因素（话语范围、话语方式和话语基调）出发，探讨语言形式和情景语境之间的关系。语篇分析不仅可以帮助我们认识特定语篇产生的背景，而且可以帮助我们从社会情境角度分析语篇建构的得体性。在文体分析和语篇分析的基础上，体裁分析依据语篇结构背后的社会文化因素和心理认知因素，揭示了实现交际目的的特殊方式和语篇建构的规范性。

（三）错误分析理论

1. 错误分析理论的基本观点

英国应用语言学家科德（Corder）发表的《学习者所犯错误的意义》标志着错误分析理论的形成，在该篇文章中，科德提出了如下几个重要的观点：他首先从乔姆斯基理论出发，主张语言学习者习得目标语的机制、程序及其策略同掌握母语相比，唯一的区别就是学习者能否获得母语的帮助。随后，他还提出了“内在大纲”的概念。内在大纲就是学习者的第二语言习得过程中所形成的一个程序化的知识序列，但这个序列并没有受到教学的顺序和外界因素的影响。学习者的错误在一定程度上也证实了“内在大纲”的存在。最后，他区分了错误（error）与失误（mistake）两个概念。错误是指不遵循语言规范和语言交际准则的话语，它直接反映了学习者在某一学习阶段的语言结构和体系，也体现了学习者在某一阶段内的语言知识与能力欠缺的问题。失误主要由于学习者的疏忽，或者不能对已经熟练掌握的语言规则进行正确的使用。例如，学习者因疲劳、压力、紧张等因素而产生失误。失误往往没有规律，学习者一旦意识到了失误，就可以自我纠正。错误分析理论指出，并非全部的语言错误都源自学习者的母语干扰，除此之外，错误大多是由学习者自己生成的话语体系与其所要学习的话语体系并不一致而导致的。错误分析第一次把研究的视线集中到了学习者和学习者的语言系统上，这在一定程度上扩大了第二语言习得的研究视野。

错误分析一般有五个步骤：收集学习者语言的样本、鉴别错误、描述错误、解释错误和评价错误。第一步收集学习者语言的样本。错误分析的第一个步骤，就是确定分析了什么样的学习者的语言样本以及怎样获取这些样本。第二步，鉴别错误。错误可以界定为对于目标语要求的偏离。因此，首先要明确什么样的目标语能够成为标准。通常来说，鉴别需从语法与交际两个角度来完成，首先要看语句是不是合乎语法，如若不合，则有错误。第三步，描述错误。根据学习者在中介语中所希望表达的意思，重构出目标语的句子并加以对比，以说明出现的问题。第四步，解释错误。辨别出对错，在对错误做出解释和区分以后，就需要设法找到学习者犯错误的真实原因。第五步，评价错误。评价语言学习者的对错一般是从错误对听讲者或阅读者产生影响的视角来探究错误。这些因素都可以从对认知的影响程度和对情感的影响程度两个方面来评价。

2.错误分析理论与英语写作教学之间的关系

错误分析作为一种理论以及方法，对初中英语写作教学有着十分重大的意义。其弥补了对比分析的缺陷，对学习者的错误和来源做出了全方位的分析，并建立了一整套科学的学习者错误分析的方法和程序。但是，错误分析却改变了人类对错误的本质认知，人们逐渐意识到错误并不可怕，它是英语语言学习过程中的正常现象。

第二节 初中英语写作教学设计

一、初中英语写作教学设计方法

（一）语类教学法

1. 语类教学法的核心理念

（1）语篇类型和语类结构

①语篇类型。悉尼学派语类教学法是在系统功能语言学的分层符号思想上发

展起来的一种语言教学方法。在系统功能语法看来，语言是产生意义的资源；根据实际语境来组织语言，强调的是，语篇（话语）是语言的基本单位。在系统功能语法中，语篇分析可以从文化语境、情景语境和语言语境三个层次展开。语篇在特定的社会与文化中能表达意义，具体反映为语篇体裁。语篇体裁通过两种方式来体现，分别是“纲要式结构”和“体现样式”，“纲要式结构”指的是有阶段、有步骤的结构，而“体现样式”则为特定的语言结构。情景语境包括语场、语旨、语式三个变量。这三个变量又构成“语域”。语言包括语义系统、词汇语法系统和声系/字系。其中，在词汇语法系统层面具有三大纯理功能，即概念功能、人际功能和语篇功能，主要是描述经历、建立人际关系和组织话语。

悉尼学派是根据其结构和目的来划分语篇类型的。社会目的是悉尼学派给语类进行分类的主要依据。悉尼学派在教学实践中对中小学课程所包含的语篇进行了细致的分析，根据语篇的目的对语篇进行了分类。

在以上语篇类型分类中，根据语篇的社会目的分为三大类：参与、通知和评价。在这三大类的分支后面是由悉尼学派研究者根据其社会目的为学生提供的进行阅读和写作的形式。根据前面该种语篇形式的特征，语篇可以被归类为某种语类。语篇类型分类可以帮助学生正确理解每种语类的特点，并在不同的场合使用合适的语类完成有效的交际，达到交际目的。

②语类结构。在语类研究过程中，悉尼学派研究学者创立了“纲要式结构”分析模式。“纲要式结构”指的是有阶段、有步骤的结构。语类系统中的每种语类都可以通过其独特且稳定的纲要式结构实现其社会目的。“纲要式结构”分析模式运用在阅读教学或者写作教学中，可以帮助教师对不同的语类语篇进行不同角度的分析，不仅可以对语篇的语音、词汇、语法等语言平面的表层进行分析，得到语篇的语言特征，也能更进一步对语篇的宏观结构进行分析，了解语篇的交际目的，解释语篇的交际功能。教师可以先确定学生需要掌握的语类，再通过教学设计和教学活动把这些语类知识和语类技能教授给学生，以此来有效地提高学生的英语写作水平。

（2）以读促学与教学循环

①以读促学。20 世纪 80 年代初，美国语言学家克拉申在其《第二语言习得原理和实践》中提出了第二语言习得的“监察模式”。在其五大假说中，输入假说占据着重要的地位。“可理解的输入”是语言习得的必要条件。学习者在学习过程中需接触大量的有效输入才能习得语言。“可理解的输入”材料是指高于学习者目前水平但对于学习者来说不太难的语言材料。

在悉尼学派语类教学法中，教师在指导学生进行写作前，需带领学生阅读所给范文，学生阅读的范文难度高于学生现有水平，但却是学生在该学习阶段必须掌握的文章，符合可理解的输入材料的要求。教师指导学生阅读范文，解构范文，在写作前进行的这些有效的输入，能够更好地帮助学生进行后面的写作活动。阅读与写作不可分离，在写作前进行有效的写作素材输入是必要的。悉尼学派语类教学法教学模式提倡在学生写作前进行范文阅读并解构，能更好地帮助学生进行后续的写作。

②教学循环。悉尼学派语类教学法有着自己独有的教学模式。该课程语类中的教学循环将整个教学过程分为“解构、合作建构和独立建构”三个教学循环。在解构阶段，要求教师引导学生对所阅读材料进行“解构”，不仅要关注其中的词汇、语法、拼写等微观层面，更要注意分析其语类结构等宏观层面。在合作建构阶段，教师应组织学生通过师生合作、生生合作等合作学习的教学组织形式，参与互动式的写作活动，同样不仅关注词汇、语法、拼写等微观层面，更要关注语类结构等宏观层面。在合作建构阶段，教师应特别注意针对学生的最近发展区，为学生提供必要的支架。待学生通过合作建构基本掌握了所学语篇的语类结构、词汇语法、单词拼写乃至标点符号后，教师再给学生布置独立建构的学习任务，让学生参照前面解构阶段学习过的语篇独立完成写作任务。

在实际教学中，教师可以根据当前需要把以上三个阶段扩展成四个阶段（增加“创立语境”）或者五个阶段（增加“创立语境”和“联系相关语篇”）。教师可以根据实际情况调整整个教学过程，以此来最大限度地满足学生的需要。

（3）写作教学中的“支架”

在最近发展区理论里，儿童如果要达到潜在的发展水平，需要在成人的帮助下，使潜在的发展水平再次变成儿童的实际发展水平，获得独立解决问题的能力。“支架式教学”，就是教师指导发现活动，在指导过程当中，指导成分逐渐减少，慢慢地，学生就会独立地去发现问题，解决问题，监控学习和探索的责任也会逐渐地由教师转移到学生身上。在实际写作教学中，学生最开始无法理解某种特定语类的语篇结构和语言特点，这都需要教师在课堂中搭建“支架”，帮助学生一步一步过渡到学生潜在的发展水平，帮助学生了解写作要点，从而提高学生的写作水平。

写作教学中的“支架”，可以由多种形式去实现。除了教师在教学设计和教学活动中给予学生的帮助之外，教师也可组织学生进行合作学习。在最近发展区理论中有提到，与更有能力的同伴合作时，也可以使儿童达到潜在的发展水平。

2. 语类教学法运用于初中英语写作教学的成效

语类教学法可以有效地提高学生的写作成绩，除写作成绩之外，在该教学法的课堂教学下，学生的改变还体现在以下两个方面。

(1) 语类教学法能够激发学生的写作兴趣

多数学生表示，运用语类教学法的写作课堂生动有趣，给了学生很多自由思考的空间，也给了学生很多发挥的机会，能够增强学生思维的活跃性。通过师生之间和生生之间的合作学习，让学生体验到共同解决问题的快乐，减少了单独写作的焦虑。学生写作的动机逐渐转变成为对写作感兴趣而进行写作的内部动机，更利于学生写作水平的提高。

(2) 语类教学法能增强学生对英语写作的信心

在运用语类教学法的写作课堂中，在教师的指导下，学生不仅对词汇、句型、语法等更为熟悉，而且对写作要点、写作要求、写作框架把握更为准确，这无疑增强了学生对于英语写作的信心。在英语写作教学过程中，学生根据平时课上所训练的内容，将自己所学习的东西运用到写作中，解决学生不会动笔的问题，使写作变得不再是一件可怕的事。

（二）诊断式教学法

诊断式教学是应对初中英语写作教学中所存在的问题的一种有效教学模式，它不仅有助于初中生英语思维的训练和学习方法的掌握，而且有助于提升英语学习者的知识素养、能力素养以及文化素养。

教学应具体对照学生的优劣势，侧重于对学生不同能力的测试。诊断式教学是集师生互动、学生积极参与、分析解决问题、反思反馈促进完善于一体的综合类教学模式。诊断式教学需要评估学生的知识背景、知识结构、对应技能等方面的成果与缺陷。开展诊断式教学主张学生根据自己的学习体验和主观感受表达具体的内心认识，在此基础上，由教师引导学生开展自主诊断，搭建结构合理的知识体系，并在教学过程中逐步完善，进而提高教学效果。

诊断式教学至少包括以下三个方面：一是教学诊断的对象不仅仅局限于诊断学生的学，也包括诊断教师的教；二是教学诊断的内容不仅仅局限于对困难、问题、偏差的诊断，还包括对个性、差异的诊断；三是诊断的任务不仅仅停留于诊断问题、原因，还蕴含着改进与重新设计。

综上，诊断式教学是由教师采取一定方法手段及时了解学生知识的掌握程度，对学生的学习效果做出诊断，并采取相应措施进行矫正、解救，帮助学生达成教学目标的一种教学形式。

（三）过程体裁法

1. 过程体裁法的起源与发展

过程体裁法是由成果教学法、过程教学法和体裁教学法发展演变而来的。

成果教学法关注文章的语言知识，如词汇、句型结构和衔接手段的正确使用等。成果教学法起源于中世纪的拉丁语教学，以行为主义为理论基础，该教学法认为写作是由教师提供“刺激”，学生做出“反应”的过程，在整个教学过程中，学生是被动的。成果教学法的四个教学步骤：熟悉范文、控制性训练、指导性写作和自由写作。成果教学法能帮助学生掌握不同篇章的句法结构和语言知识，如语法知识、词汇、句型等，使学生在写作时有话可说。但是，该教学法把写作过程看作提纲—写作—编辑的线性活动，师生之间缺乏互动；而教师仅仅通过语言形式的准确性评判学生的作文，忽略了对作者观点或作文内容的点评。因此，该教学法无法提升学生的写作水平。

针对成果教学法存在的不足，20 世纪 70 年代美国西北大学的学者华勒斯（Wallace）首次提出过程教学法。过程教学法的教学步骤：写前准备、写作阶段、修改阶段和编辑阶段。该教学法以交际理论为理论基础，并将写作过程看作一种群体间的交际活动，而不是写作者的单独行为。教师从关注学生的写作结果转变为关注学生的写作过程，并向学生传授具体的写作步骤。过程教学法强调教师在写作过程中要帮助学生发现、分析和解决问题，使学生及时地获得反馈，有助于学生精确地表达自己的观点。但是，过程教学法耗时较长，仅适用于英语语言基础较好的学生；学生间相互讨论的质量也难以确定，学生对文章体裁知识的掌握也不够深入。由此可见，过程教学法也无法满足现实的需求，在 20 世纪 80 年代出现了体裁教学法。

体裁教学法是建立在体裁与体裁分析理论基础上提出的一种教学法，其围绕语篇的图式结构组织写作教学活动，使学生意识到不同的语篇具有不同的写作目的和文本结构。体裁教学法有三个流派：① ESP（English for Specific Purposes）和 EAP（English for Academic Purposes）领域的“体裁教学法”；②新修辞学派（New Rhetoric）的“体裁教学法”；③澳大利亚学派（Australian School）的“体裁教学法”。其中，澳大利亚学派的“体裁教学法”主要应用于中小学的语言教学，提升学生对不同体裁的写作能力。

体裁法的教学步骤：①体裁分析；②模仿分析；③小组讨论；④独立分析；⑤深入分析；⑥模仿写作。体裁教学法不仅使学生掌握一个相对固定的语篇模式，而且使学生意识到写作是一种有规律可循、容易操作的社会交往活动。但是，体裁教学法导致课堂教学以语篇为中心，课堂活动具有浓厚的“规定主义”色彩，不利于培养学生的创造性。

综上所述，成果教学法过于重视语言知识教学，忽略了对学生写作能力的培养。过程教学法注重写作过程，有利于提升学生的写作技巧，但忽略了体裁知识和语言知识的输入。体裁教学法关注体裁知识，并认为文章的写作目的和语言特征是由交际目的决定的，但它忽略了写作技巧的培养。由此可见，若将这三种教学法相互结合，学生便可以获得语言知识、写作技巧和体裁知识。最终，学者提出了过程体裁教学法。

2. 过程体裁教学法的定义

过程体裁教学法不仅包括成果教学法和体裁教学法的优势，即教师在写作过程中要向学生输入语言知识、情景语境和写作目的，使学生在写作时有话可说，弥补了过程教学法的不足；而且还突出了过程教学法的优势，教师向学生传递写作技巧，使学生知道在写作时如何表达自己的观点。

3. 过程体裁教学法的写作教学阶段

过程体裁教学法的写作教学阶段如下。①范文分析：教师选择特定体裁的范文，并向学生解释与该体裁相关的交际目的和情景语境（话语范围、话语方式和话语基调），使学生总结出这一体裁的语言特点和体裁结构，为写作阶段奠定坚实的基础。②模仿写作：学生将自己已经学到的语言知识和体裁结构保持在自己的长时记忆中。③独立写作：学生根据题目的要求进行写作，包括写提纲、打草稿和成文。④编辑修订，这一阶段包括自我批改、小组互改和教师批改。

二、初中英语写作教学设计模式

（一）抛锚式教学模式

1. 抛锚式教学模式定义

抛锚式教学认为，学习需要学习者主动建构知识，它的理论基础是建构主义理论。抛锚式教学主要基于以下假设：在学生努力解决现实中存在的问题之际，会想出各种方法来解决问题，并随之展开一系列的学习行为及活动。不难看出，应用抛锚式教学模式时，教师不会死板地向学生灌输知识，而是给学生提供实践的机会，使其获得实践性知识，使学生可以将其应用于现实生活中。在运用抛锚式教学进行教学时，教学内容应该与实际情境相结合，给学生机会自主进行思考和学习，才会完成知识的有意义建构。

抛锚式教学模式的首次提出是在20世纪80年代末至90年代初。这是以解决问题为目的的教学模式，主要通过将学生置于真实的学习情境中的方式来提高学生主动发现问题的能力，并培养他们解决问题的能力。为了培养学生从不同角度进行学习的能力，真正掌握学习技能，抛锚式教学模式使学生处于真实情境中进行思考与学习，其中的教学活动都不是虚假的，都是围绕主题进行设计的，这正是在现实中会遇到的问题与困难。抛锚式教学模式还为学生提供了合作学习的机会。抛锚式教学模式有三个要素，即真实性、固定性和多角度性。第一，学习材料的呈现方式不同，需要基于真实或相对真实的情境；第二，学生讨论应聚焦于学习对象，并用“锚”来固定学习对象；第三，学生需要对研究对象进行多方面的研究，以便提出解决方案。

抛锚式教学模式的真实性强调在学习过程中感受到真实性，为了达到这一目标，教学中应依托现代教学技术，使教学情境具有感染力，实现教学目标。抛锚式教学注重合作交流，所有的学习者并不是孤立无援的，而是组成一个群体，相互分享自己的经验，从而使大家都获得新的知识和不同的观点。为了实现学习目标，学习者会主动想办法解决所存在的问题，并积极实践，以达到自己的目标。

综上所述，为了真实情境的创设，教师会充分利用现代技术，以保证情境的真实性，在此基础上向学生抛出问题，引发学生的思考及自主学习，并辅之以写作学习，最终学生不仅能掌握知识，还能提高自主学习能力。

2. 抛锚式教学模式的基本环节

抛锚式教学模式指导下的写作教学分为以下五个环节。

（1）创设情境

教师首先要做的是创设真实情境，情境来自每节课的教学主题，这样可以使教学发生在与学生生活贴近的环境中，以此激发学生探索知识的兴趣。

（2）确定问题

选定的事件或问题是“锚”，提出问题是“抛锚”，该问题要与每节课所研究的主题相关。这一环节要让学生积极参与课堂活动，因此教师要提出适合大多数学生的问题。

（3）自主学习

这一环节的目的是学生的自主学习能力的培养，教师只会提示学生解决问题的思路，让学生自行探索解决方法，但不会提供解决问题的方案。

（4）合作学习

为了加深学生对问题的理解、弥补自主学习的不足，教师为学生提供了合作学习的机会，通过共同讨论、相互纠正来提高学习质量，增强合作学习的能力。

（5）效果评价

协作学习后，学生需要向同学及教师展示自己的学习过程，由教师评估其学习效果，并帮助其弥补不足之处。整个学习过程的完成离不开自我评价、同伴评价以及教师评价的共同促进。

在该英语写作教学设计过程中，这五个基本环节缺一不可，顺序不可混乱，共同构成了完整的抛锚式教学模式下的英语写作教学流程。

（二）生态课堂教学模式

1．生态课堂

生态课堂是教育生态学在微观领域研究的一个分支，探究的是生态主体同教学环境间的紧密联系和相互作用，追求课堂教学的整体性、联系性、开放性和包容性。生态课堂就是给学生提供一个和谐、平等的自然环境，在这个环境中，学生能够按照成长规律进行发展。

生态主体指的就是教师和学生，而教学环境包含了物理环境和人文环境，物理环境就是授课时间、教室布置、教学设施等外在因素，而人文环境就是课堂氛围、师生关系、课堂文化等内在因素。因此，生态课堂包含教师、学生、教学环境和教学内容这些重要因素。生态课堂能够有效建立师生间的交互联系，这种联系会对教师和学生起到一定的激励作用，课堂效果自然会更好。

综上，生态课堂是以教师和学生为生态主体，看重每一个学生的需求、意识和个性发展，通过各种优化的教学环境及现代教学设计和教学活动，构建教学与学生发展和谐统一的课堂。生态课堂力求创造一个有机生态整体，在这个整体中，生态主体和环境都在动态发展中达到平衡，教师和学生间和谐相处，促进学生思维的开放、知识的吸收，学生也更有生命力，更具发展个性。

2．生态课堂模式

生态课堂模式是基于生态课堂的教学模式，生态课堂模式以教育生态学为理论基础，结合学生的心理发展和认知水平，在利用合适的教学资源和内容的基础上，构建出能够让学生主动学习、收获知识的教学形式。“生”指的是学生、一切有生命的事物，“态”指的是形态、特征、样子，所以“生态”就是让一切有生命的物体发展成自然条件下的样子，生态课堂模式所追求的就是创造能够让学生和谐生长的课堂。生态课堂模式注重以学生为主体，给学生创造和谐相处的课堂环境。生态课堂模式是要把课堂当作一个生态系统，要注重整个生态主体间的良好互动，还要关注各种能够影响教学的条件。

生态课堂模式是一个井然有序、相互依赖的复杂的系统结构，在这个结构中学生处于中心位置，整个内部因素围绕着学生形成了一个微系统，在这个系统中，学生能够自主学习。

3.生态课堂模式的应用

在课前阶段，教师根据写作题目进行课前任务布置，让小组成员分工协作，了解话题。

在课中阶段，第一步，教师对本节课的写作任务进行导入，吸引学生兴趣，激活学生已有经验。第二步，教师引导学生明确本节课的写作目标，给学生一定的时间，让学生先独立思考。第三步，小组合作学习讨论，分享经验，教师在班级巡视的同时要参与各组讨论，营造师生和谐的课堂氛围。随后，教师让各组派一名代表进行成果展示。第四步，学生开始独立完成写作，完成后先自己进行检查修改，然后组内成员互相批改，教师在班级巡视同时参与各组的互评，给出适当的建议。第五步，学生修改自己的作文，上交给教师进行综合评阅，最后教师带领学生对本节课进行反思总结。

在课后阶段，教师对学生的写作根据词汇语法结构复杂度、语句连贯性等进行综合评判，并反馈给学生，让学生及时认识到自己的问题和不足，日后加以完善。教师在班级设置“读书角”，为学生创造良好的读书氛围，使学生养成阅读的好习惯。教师在班级组织写作比赛，用竞争促进学生进步，让学生全面发展。

简而言之，生态课堂模式注重课堂教学的整体性以及学生学习的自主性、开放性，重视合作学习，努力建立平等和谐的师生关系，为师生营造良好的学习环境和氛围。学生在课堂上能够公平地得到老师和同学的指导与帮助，其语言能力和思维能力也能得到提升。

第三节　核心素养下初中英语写作教学策略

一、创设情境式写作教学

在英语核心素养的指导下，初中英语写作教学必须以教学模式的科学构建为基础。其中，情境式教学能够帮助学生明确个人的写作思路，获得更多的思考空间，从而丰富学生的写作过程和写作内容。教师需要关注学生在英语写作中的真实状态，激发学生的写作兴趣，确保学生能够在完成写作任务时，逐步形成个人的文化意识和语言能力。写作教学环节比较复杂，其中课前导入必不可少。教师需要注重课前导入的实效性，有针对性地利用各类情境要素鼓励学生，助力学生自主思考，高效完成写作任务，进而激活教学课堂，促进教学内容的丰富化及多元化。另外，以核心素养为基础的英语写作教学离不开情境的设计。教师需要将写作与情境创设相联系，结合学生的写作环境转变原有的教学形态，让学生写出来的作文更加生动和饱满。

例如，在讲解仁爱版初中英语七年级下册 Unit 5 Our School Life 时，教师可以以“way of life”为方向，指导学生写作。先讲述中西方文化差异，以此为背景，利用多媒体信息技术播放与中西方生活礼仪相关的视频资料，让学生进行感知，了解不同区域的礼仪文化和生活差异。很多学生能够在情境感知的过程中对中西方的生活方式有一个简单的理解，从而在后续写作时形成正确的思路及方向，将更多的内容融入写作环节，写出生动饱满的文章。为了提升学生的写作能力，加深学生对写作的认知，教师还需要鼓励学生站在不同的视角全面阐述事物，表达清楚整个问题，只有这样才能够提升学生的写作能力和水平。

教学形态的丰富化及多元化非常重要，这一点也会直接影响初中英语写作教学的质量及水准。要想在核心素养指导下创新英语写作教学模式及策略，教师需要了解情境式写作环境的构建要求，将教学内容的丰富化发展与教学形态的有效转变融为一体，确保学生写出更加饱满充实的文章。中西方文化的差异使得学生在英语学习的过程之中面临重重的阻碍，教师需要利用多媒体工具展现不同文化的差异，确保学生身临其境进行主动感知，站在不同的思维视角全面阐述清楚某一事情或事物，确保表达的完整性和逻辑的严密性，这一点有助于间接提升学生的写作能力及水平。

二、加强可视化教学的应用

（一）单词讲解，使学生形成具象化记忆

词汇是构成英语作文的基本要素。在英语核心素养的指导下，在进行写作教学时，首先，教师要确保学生具有足够多的词汇积累，以便更好地将自己的写作思路进行详细表述和具象化呈现。在写作训练中，教师需要进一步提高学生的词汇应用能力。其次，教师要遵循初中生思维发展的特点，充分运用思维导图和微课教学的形式，使学生明确相关词汇之间的串联关系，加深学生的印象，培养学生的核心素养。

（二）语句教学，进行句型的可视化呈现

除了词汇记忆以外，教师还需要重点培养学生遣词造句的能力。首先，教师要辅助学生将可能会用到的句型和词组用可视化工具进行列举，并构建成一个词句系统，明确不同句子形式之间的关系。其次，教师要指导学生重点把握核心语句，依托可视化工具将其逻辑结构进行串联，构建英语作文框架，培养学生的核心素养。

（三）写作教学，培养学生的整体性思维

英语核心素养指导下的初中英语写作教学涉及多种体裁的短文和写作手法。教师可以引导学生练习其最擅长的写作结构或主题内容，发现学生思维中的闪光点，进一步提高学生的多文体写作能力。例如，在进行记叙文可视化教学时，教师要尽可能多地给出要素信息和写作素材，使学生能够构建写作结构；在议论文写作教学中，教师可以采用气泡图的方式列举出中心论点，帮助学生顺着逻辑思路进一步补充其他分支论点；在说明文的写作教学中，教师充分利用可视化导图，明确写作的具体顺序和写作方法，从而理清逻辑顺序，引导学生条理清晰地进行写作，更好地培养学生的写作素养。

三、引导学生广泛地“读”，以读促写

培养学生的核心素养就意味着教师的写作教学要实现与阅读教学的巧妙衔接，既要体现“写”，更要凸显“读”。毋庸置疑，广泛阅读可以帮助学生积累更多的词汇、语法和句型，甚至是文化背景知识，为更深层次、更广视角的英语写作提供素材。学生的写必然要建立在多元丰富的阅读积累之上，这便需要广泛

地读——读课文，读教材。初中英语教材中有丰富的词汇知识以及学生所需要掌握的语法、句型以及相关的教育意义和文化背景知识，是极好的写作素材。

借助阅读活动，教师可以引导学生开展写作练习，优化写作教学活动，提高学生的写作能力和写作水平。教师还可以推荐学生读报纸杂志、英美文学简本小说等。

在具体的阅读中，教师可以根据课文内容，向学生推荐相关报刊和书籍，让学生选择类似的文章，不断丰富阅读活动，帮助学生积累英语词汇和句式，为学生写作奠定良好的基础。因此，初中英语写作教学中，教师应当注重核心素养指导，开展以读促写活动，丰富学生的英语语言知识积累。这对学生的英语写作大有裨益。

第九章 基于英语学习活动观培养核心素养的策略

本章分为英语学习活动观的提出、英语学习活动观的内涵、英语学习活动观培养核心素养的策略三部分。

第一节 英语学习活动观的提出

21 世纪初，伴随着《基础教育课程改革纲要（试行）》的发布，我国第八次基础教育课程改革正式启动，各学科义务教育和普通高中课程标准相继完成研制并进入实验。《全日制义务教育普通高级中学英语课程标准（实验稿）》在前言中指出，英语课程改革的重点“就是要改变英语课程过分重视语法和词汇知识的讲解与传授、忽视对学生实际语言运用能力培养的倾向”，转向以学生为本、以培养学生综合语言运用能力为目标的教学。为此，该课程标准倡导实施任务型教学，强调语言学习要在语境中、在完成真实的生活任务中进行，要教会学生用英语做事情，以达到培养综合语言运用能力的目的。《义务教育英语课程标准（2011年版）》继续以培养学生的综合语言运用能力为目标，推荐任务型教学途径。十几年来，任务型教学在一定程度上更新了外语教师的教学理念，丰富了中小学英语课堂活动，对提高学生的语言交际能力发挥了积极的作用，但对语言所承载的文化意义和促进思维发展的功能，特别是对学生正确价值观的引导缺少观照。为贯彻落实党的十九大、二十大精神，落实全国教育大会部署，全面落实立德树人根本任务，进一步深化课程改革，各地要统筹谋划、系统推进《义务教育课程方案和课程标准（2022 年版）》落地实施，有计划、有步骤地组织开展培训，多种形式强化课程改革理念和改革总体要求的研修交流，实现校长、教师及教科研人员、教育行政人员全覆盖。加强课程实施管理与指导，制定省级义务教育课程实施办法并报教育部，明确学校课程实施的工作要求。要大力推进教学改革，转变育人方式，切实提高育人质量，加大条件保障力度，保证课程有效实施。

随着基础教育课程改革的不断深化，综合语言运用能力的目标要求已无法满足国家未来人才培养的要求。为落实立德树人根本任务，实现学科育人这一新时期的新任务，《普通高中英语课程标准（2017年版2020年修订）》（以下简称《新课标》）重新建构了英语学科课程目标，提出了由语言能力、文化意识、思维品质和学习能力等构成的英语学科核心素养目标。新的课程目标强调英语课程要在培养学生语言能力的同时，发展他们的文化意识，提升他们的思维品质和学习能力，从而将语言、文化和思维的发展融为一体，解决语言与文化、语言与思维相互割裂等问题。

为了确保这一目标落地课堂，我国需要创建本土的教学主张和实施路径。为此，《新课标》首次提出了指向英语学科核心素养目标的教学途径——英语学习活动观（以下简称“活动观”），以实现目标、内容和方法的融合统一。英语学习活动观是落实立德树人根本任务、培养英语学科核心素养的基本教学组织形式和重要途径。

第二节 英语学习活动观的内涵

一、英语学习活动观的概念

英语学习活动观并不是简单地以活动为主体的教育理念，它更侧重于一种态度和认识，它贯穿整个课堂的设计和组织形式，而不仅仅局限于活动的设计和实施。因此，要让英语学习活动观走进课堂，在确定活动的主体语境的前提下，通过此语境的引领，学习者通过理解学习内容、应用实践实操、发散创新等活动，发散思维，培养自己在主体语境中发现问题及解决问题的能力。

教师在设计英语学习活动的时候，应该遵循学习活动具有层次性这一原则。首先，确定本节课的主题语境，确定学生不同层次的发展目标；其次，在主题语境的引领下，开展由易至难且循序渐进的学习活动。

二、英语学习活动的特点与类型

（一）英语学习活动的特点

以学科核心素养发展为目标的英语学习活动是综合性、关联性和实践性的。

首先，学习活动的综合性可以理解为活动的设计是综合而全面的。具体而言，学习活动应有利于课程内容的六个要素（主题、语篇、语言知识、文化知识、语言技能、学习策略）的整合、语言技能的整体提升以及学科核心素养的全面发展。课程内容六个要素的整合意味着六个要素相互关联，整合互动，有机融合，构成整体，作为所有英语学习活动的学习内容、研究主题和认知客体而存在。英语学习活动应旨在促进五种语言技能（听、说、读、看、写）的整体提高。学习活动类型不同，语言技能训练也不同，但就整节课或整个单元的教学设计而言，学习活动应考虑五项技能的整体训练和全面发展，并且应该开展综合性的学习活动，以促进学生多种语言技能的训练和发展。学科核心素养的全面发展，集中体现了英语学科育人的价值。这是英语课堂教学的根本任务，也是所有英语学习活动的内在追求。英语学习活动应鼓励学生整合运用所学知识，提高能力，发展思维，并在分析和解决问题的过程中全面发展学科核心素养。综合性的英语学习活动不应该是简单的技能训练、信息获取，而应该切实注重学生英语学用能力的发展、文化意识的培养和思维品质的提升。

其次，学习活动的关联性意味着教师设计的一个单元或一个堂课中所有的学习活动要基于一个共同的主题，活动之间存在逻辑并且贴近学生生活。主题语境的一致性是指在一个单元或一节课的整体教学设计中，各种英语学习活动的话题背景和任务设置应基于同一主题语境或相关语境。主题语境的一致性有利于实现课堂教学设计的整体性和连贯性，增强课堂教学设计的美感。在英语学习活动中，主题语境的一致性表现增强了学生的语境意识，有助于学生构建基于语境的语言知识和文化知识体系，从而提高学生的语用意识和能力。如果没有主题语境下与学生实际生活相关的具体学习任务，有效学习仍然难以实现。学习任务与学生实际生活的相关性是有效学习的重要保证。理解性活动和表达性活动都要在主题语境的指导下，紧贴学生的实际生活，以学生现有的生活和经验为基础，通过独立思考、合作探究、主观情感和意志的参与，使学生解决问题、完成任务、提高能力、发展素养。学习活动之间的逻辑是指在一个课时或单元的整体教学设计中，各环节学习活动之间的任务设置应具有内在的相关性和统一性，共同构成一个任务链，统领于相同的主题。不同层次的学习活动体现了学习的三个不同阶段，表现为由浅入深，由输入到接收，再到输出。各阶段的学习任务应前后关联，逐步深入，具有连贯性或主旨相关性。

最后，学习活动的实践性主要包括两方面含义，即学生是参与学习活动的主体和参与的活动是可迁移的。在学习过程中，学生是主体，学习的本质是学生进行自我建构。教师在英语课堂教学时以学生参与为主，设计活动时考虑学生的年龄、性格、爱好、知识层次。活动的可迁移性是指教师设计的教学活动能够真正地迁移到现实生活中去。学生能够将运用英语做事、分析问题、解决课堂上获得的问题的能力迁移到解决现实生活中类似的实际问题上来。

（二）英语学习活动的类型

从不同的划分依据出发，英语学习活动可以分为不同的种类。根据认知水平及活动目标的不同，我们可以将英语学习活动分为三种，即学习理解类活动、应用实践类活动、迁移创新类活动。

1. 学习理解类活动

学习理解类活动是感知与注意、获取与梳理、概括与整合等基于语篇的学习活动。

在感知与注意阶段，主要是为了激活学生的背景知识和激发学生阅读的兴趣，设置主题语境，从而让学生的注意力更加集中。例如，在初中英语阅读课堂上，进行热身活动，如播放相关视频，播放之前给学生设置一个小任务，让他们有目的地去观看。同样地，教师也可以设置一个主题语境，让学生在主题语境下通过听或说来获取和语篇相关的内容和信息，这样不仅能够吸引学生的注意，同时也能唤醒学生的已有知识，为下面的教学做铺垫。

教师可以通过标题预测、段落匹配、细节查找等活动来帮助学生找到文章的主旨大意，以此来获取文章的关键信息。在教师的引领下，学生还可以用不同的策略来分析不同类型的文章，如对层次分明的语篇进行分层、将议论文的观点分类、对说明文的事物特征进行列举等。

在此基础上，为了完成对文章的概括和整合，在教师的引领下，学生还可以通过对文章的复述、用文章进行对话以及思维导图的制作，对所学到的知识进行搭建，从而形成新的知识体系。

2. 应用实践类活动

应用实践类活动是描述与阐释、分析与判断、内化与运用等深入语篇的学习活动。在这一层次里，教师应联系学生已有的知识体系，结合语篇的具体情况，设计出能够将学生的技能迁移到解决问题上来的情境，真正锻炼学生的能力，更能促进学生知识向技能的转化。例如，在初中英语教学中，教师可以通过设置一个现实生活的情境，让学生用常识来阐释文章中出现的问题或现象，接着将文章的重点抛出。基于常识和文本信息展开来推断信息之间的逻辑联系，进而形成新的知识体系，让学生联系到日常生活，使他们对日常的事物有一个更加直观和深刻的认识。

3. 迁移创新类活动

迁移创新类活动主要包括推理与论证、批判与评价、想象与创造等超越语篇的学习活动。围绕主题意义，教师创设超越阅读语篇的情境，学生在新的情境下应用所学，以解决问题，完成任务。在设计推理与论证类活动中，教师可以引导学生通过关键的词语和句子以及它们传达出来的态度和方向，去思考和揣摩作者想表达的主旨大意以及文本所倡导的价值取向；而在评判与评价类活动中，此类活动的主要目的是培养学生的发散思维和批判性思维，通过阅读文本，总结主旨大意，结合生活实际和社会情况，以此来评价作者想表达的观点，并在文中找出依据，给出理由；在想象与创造类活动中，主要活动形式是以自由度较高的仿写、续写、角色扮演以及报告等，能够让学生灵活迁移并创造性地解决问题。

迁移创新类活动源于语篇，并高于语篇，教师在设计活动时切勿为了提高而提高，忽视了语篇的内容。例如，教师在设计一篇说明文的迁移创新类活动时，可以通过分析作者表述的事实来推断一下作者对于此类事物的态度，以及当时的社会背景怎么样，从而达到超越语篇的目的。

英语学习活动观的目标是英语学科核心素养的发展，强调主题意义的引领和课程内容的综合能力的训练，体现学习和活动的本质特征。英语学习活动观的实施路径是从学习理解到应用实践再到迁移创新，最后到超越文本的创新产出。此类逻辑的发展和提升能够基于内容、聚焦文化、学习语言、提升思维，从而达到深度学习的目的，进而落实学科核心素养。

三、英语学习活动观的教学价值

（一）教学目标更加侧重核心素养

基于英语学习活动观的阅读教学理念，在初中英语阅读教学中进行教学设计活动的各环节注重提升学生的英语学科核心素养，实现学科育人。

在学习理解类活动中，教师围绕主题创设情境，激活学生已有的知识和经验，铺垫必要的语言和文化背景知识，引出要解决的问题。在此基础上，以解决问题为目的，学生从语篇中获得新知，通过梳理、概括、整合信息，建立信息间的关联，形成新的知识结构，感知并理解语言所表达的意义和语篇所承载的文化价值取向。

在应用实践类活动中，在学习理解类活动的基础上，教师引导学生围绕主题和所形成的新的知识结构开展描述、阐释、分析、判断等交流活动，逐步实现对语言知识和文化知识的内化，巩固新的知识结构，促进语言运用的自动化，助力学生将知识转化为能力。

在迁移创新类活动中教师引导学生针对语篇背后的价值取向或作者的态度进行推理与论证，赏析语篇的文体特征与修辞手法，探讨其与主题意义的关联，批判、评价作者的观点等，加深对主题意义的理解，进而使学生在新的语境中，基于新的知识结构，通过自主、合作、探究的学习方式，综合运用语言技能进行多元思维，创造性地解决陌生情境中的问题，理性表达观点、情感和态度，体现正确的价值观，实现深度学习，促进能力向素养的转化。

（二）学习活动主题更加明确

应明确的是，学习活动并不等同于练习，不少教师仍将书本上的练习列入活动之中。英语学习活动观中的学习活动，应是在一个明确主题的引领之下，围绕着这个主题，让学生在活动中不断使用目标语言，学习文化知识，发展能力，提升素养。学习活动的主题要切合实际，并结合学生的思维习惯。教学活动的开展以主题教学情境为基础，促进学生深度学习，形成正确的价值观，提高解决问题的能力。

（三）学习活动更加贴近实际

英语学习活动观中的学习活动更加强调在具体活动情境中解决具体问题。初中英语教学主要的教学情境和自我、自然、社会以及生活紧密相关，在此类教学情境中利用教学活动的开展，使学生遇到的具体问题得到更好的解决。

第三节　英语学习活动观培养核心素养的策略

一、感悟核心素养背景下英语学习活动观的发展需求

在新课改背景下，英语学习活动观被正式提出，其主要目的是借助英语知识教学有效培养学生的社会认知能力、语言应用能力和思辩能力，从而落实立德树人、教书育人的根本任务，让学生明白如何在学习英语知识的过程中对其进行有效的应用。比如教师在基于核心素养教学理念为学生设计英语学习活动观教学方

案的时候，可以结合现有的教学素材设定相应的教学目标，然后依托深度学习理论的应用对设定好的教学目标进行深入分析与解读，这样能够让学生在一个循序渐进的学习环境中了解到课堂教学内容的深度，体会到学习英语知识的作用。另外，教师还需要结合感悟原则对学生进行英语学习活动观的培养，同时需要在核心素养教学理念的应用下为学生创设“听、说、读、看、写”的英语知识学习空间，利用单词教学方法培养学生的语句拼写能力，借助语句拼写的教学方法提升学生的语法应用水平，融合语法应用的教学方法帮助学生构建对英语语言的有效理解和高效应用能力。基于此，学生能够了解到，若想在核心素养培养的大背景下建立自己的学习活动观，就需要从基础做起，从“听、说、读、看、写”做起，借助各类素材进行学习与阅读，不断丰富自己的词汇量，构建自己的英语语境，实现自己的学习目标。

二、开展项目式学习以发展学生的高阶言语思维能力

初中英语学习是一种基于特定语言材料的特殊认知实践活动，这个过程是学生基于对语言材料的认知而不断建构意义的过程。而项目式学习强调真实的学习情境的创设，观照学习活动中合作探究的有效开展及适时动态的学习效果评价，最终以问题为导向，指向问题解决和学生发展，促进学生逻辑、批判和创新等高阶言语思维能力的发展。由此可见，项目式学习与在初中英语学习活动观的观照下促进学科核心素养落地生根的要求是高度契合的。

在初中英语教学中开展项目式学习，要基于学习需求创设能够激发学生进入言语实践活动的真实学习情境。学习情境为基于情境需求促进学生有效完成对词汇、语法、阅读、写作等的学习提供支架和基石，完成新课标背景下知识教学的转型，即使确定的知识在真实的语境中走向不确定，也可以为发展学生的思维水平提供有力支持。

以教材语篇为范本，适度拓展，选择适切合宜的语言材料作为主题引领下的助读材料，为学生更好地基于语言材料掌握语言知识点、理解文化提供有效载体。在对语言材料进行有意义的整合、筛选中推进听、说、读、看、写等言语实践活动；在对语言材料的整合阅读中提升学生的逻辑思维；在对语言材料及其内涵的甄别选择中发展学生的批判思维；在对说和写的言语作品不断优化的过程中形成学生的创新思维。在将英语学习作为交际工具使用的过程中不断强化其与学生认识世界的联系，就要从学生的认知冲突处设置可以驱动学生思维发展的有效问题，这也是我们进行项目式学习的内在要求，是初中英语学习中要不断强化和改进的

地方。以往教学中存在满堂问、挨个问的现象，问题虽多，但缺少启迪学生思维智慧的关键问题。要将真实的问题情境和语篇中的知识建立起联系，就需要激活学生的认知储备，即通过设计有良好驱动效果的问题，以问题推动真实学习过程发生，以问题带动有意义言语作品的生成。

三、聚焦元认知策略以提高学生的学习能力和学业质量

学生的学习策略主要可以分为认知策略和元认知策略。认知策略是认知主体对认知对象即学习活动客体的调节与监控。而元认知策略是由美国发展心理学家弗拉维尔（Flavell）提出的心理学概念，这种认知策略的主体就是学习的主体，即认知活动指向对学习主体的认知，所以主体对认知的认知实际是一种对主体自身的感知、记忆、思维等认知活动的再感知、再记忆、再思维。在初中英语学习中，学生作为学习的主体，其基于对自我学习策略的认知，从而完成对学习全过程不断的调节与监控，在持续地学习、认知、优化中对学习活动进行再体验、再调节、再监控，从而在学习主体层面对认知策略的持续改进中为学习能力提升和学业质量提高提供不竭的动力。

初中英语学习要面对繁复的语言知识，即语音、词汇、语法、语篇和语用等知识，如果仅仅在认知策略层面下功夫，学生可能对英语知识学习产生厌倦感。若学生对自我认知策略有理性、清晰的认知体验，在学习中学会专注和坚持，对学习有强烈的自信心，可以进行独立思考，并且能够时刻反思自己的学习策略和学习效能，那么学生对语言知识再感知、再记忆、再思维的层次和水平就会上升到一个“知其所以然”的高度。

参考文献

[1] 布鲁姆．教育目标分类学 第 1 分册 认知领域［M］．罗黎辉，丁证霖，译．上海：华东师范大学出版社，1986．

[2] 黄国文．语篇分析概要［M］．湖南：湖南教育出版社，1988．

[3] 张韵斐，周锡卿．现代英语词汇学概论［M］．北京：北京师范大学出版社，1986．

[4] 黎学智．英语词汇逻辑记忆法［M］．长春：吉林科学技术出版社，1989．

[5] 胡壮麟．语篇的衔接与连贯［M］．上海：上海外语教育出版社，1994．

[6] 刘辰诞．教学篇章语言学［M］．上海：上海外语教育出版社，1999．

[7] 康德．纯粹理性批判［M］．邓晓芒，译．北京：人民出版社，2005．

[8] 胡曙中．英语语篇语言学研究［M］．上海：上海外语教育出版社，2005．

[9] 林崇德．发展心理学［M］．北京：人民教育出版社，2009．

[10] 琳达·达林哈蒙德．高效学习：我们所知道的理解性教学［M］．冯锐，译．上海：华东师范大学出版社，2010．

[11] 中华人民共和国教育部．义务教育英语课程标准（2011 年版）［M］．北京：北京师范大学出版社，2012．

[12] 罗伯特·J. 马扎诺，约翰·S. 肯德尔．教育目标的新分类学［M］．高凌飚，吴有昌，苏峻，译．北京：教育科学出版社，2012．

[13] 张德禄．语篇分析理论的应用与发展［M］．北京：外语教学与研究出版社，2012．

[14] 中华人民共和国教育部．普通高中英语课程标准（2017 年版）［M］．北京：人民教育出版社，2018．

[15] 范文芳，庞建荣，单小艳，阎晓梅．英语自然拼读教程［M］．北京：清华大学出版社，2018．

[16] 张德禄．论语篇连贯［J］．外语教学与研究，2000（02）：103–109．

[17] 高文．情境学习与情境认知［J］．教育发展研究，2001（08）：30–35．

[18] 王宗炎.《语篇分析的理论与实践》序 [J].外语与外语教学，2002（01）：58.

[19] 赵国庆，陆志坚．“概念图”与“思维导图”辨析 [J].中国电化教育，2004（08）：42–45.

[20] 高敏．自然拼读法在小学英语教学中的应用 [J].山东师范大学外国语学院学报（基础英语教育），2005（02）：62–64+85.

[21] 林崇德，罗良：情境教学的心理学诠释：评李吉林教育思想 [J].教育研究，2007，NO.325（02）：72–76+82.

[22] 王后雄．“问题链”的类型及教育功能——以化学教学为例 [J].教育科学研究，2010，NO.182（05）：50–54.

[23] 裴松．问题链在高中英语阅读教学中的运用 [J].山东师范大学外国语学院学报（基础英语教育），2011，13（06）：75–79.

[24] 王妍．图式理论在大学英语听力教学中的应用 [J].吉林省教育学院学报，2011，27（03）：86–88.

[25] 裴新宁，刘新阳．为21世纪重建教育——欧盟“核心素养”框架的确立 [J].全球教育展望，2013，42（12）：89–102.

[26] 张贤志．核心素养研究综述 [J].教育视界，2015，NO.28（17）：56–58.

[27] 王烨晖，辛涛．国际学生核心素养构建模式的启示 [J].中小学管理，2015，NO.298（09）：22–25.

[28] 朱鹏飞，徐惠．核心素养的研究进展及对化学核心素养构建的启示 [J].化学教学，2016，NO.352（07）：3–7.

[29] 张华．论核心素养的内涵 [J].全球教育展望，2016，45（04）：10–24.

[30] 程晓堂，赵思奇．英语学科核心素养的实质内涵 [J].课程·教材·教法，2016，36（05）：79–86.

[31] 冀小婷．英语学科核心素养培养的实现途径 [J].天津师范大学学报（基础教育版），2016，17（03）：48–51.

[32] 郑秋萍．全人教育视角下英语学科核心素养的培养 [J].教学与管理，2017，NO.715（30）：73–75.

[33] 冯嘉慧．深度学习的内涵与策略——访俄亥俄州立大学包雷教授 [J].全球教育展望，2017，46（09）：3–12.

[34] 李湘. 基于核心素养的澳大利亚国家课程标准研究 [J]. 教育与教学研究，2017，31（08）：79-85.

[35] 朱云，裴蕾丝，尚俊杰. 游戏化与 MOOC 课程视频的整合途径研究：以《游戏化教学法》MOOC 为例 [J]. 远程教育杂志，2017，35（06）：95-103.

[36] 吴春兰. 小学英语词汇的教学方法：评《小学英语词汇完全手册》[J]. 新闻与写作，2017，NO.400（10）：122.

[37] 李晓芸. 促进学生思维品质发展的高中英语阅读课例研究 [J]. 中国教育学刊，2017（S1）：236-238.

[38] 何克抗. 深度学习：网络时代学习方式的变革 [J]. 教育研究，2018，39（05）：111-115.

[39] 焦冰. 问题驱动和思维引导的教学模式探索与实践 [J]. 中国现代教育装备，2018，NO.287（07）：33-35.

[40] 陈彩虹. 英语学科素养之文化品格研究 [J]. 教育理论与实践，2018，38（08）：47-49.

[41] 章策文. 英语学习活动观的内涵、特点与价值 [J]. 教学与管理，2019，NO.776（19）：47-50.

[42] 郭宝仙，章兼中. 如何在课堂教学中培养英语学科核心素养 [J]. 课程·教材·教法，2019，39（04）：66-71.

[43] 朱秋虹. 问题链导学设计的实践与思考 [J]. 小学教学研究，2019，NO.686（16）：56-58.

[44] 郑东辉. 深度学习分层的教育目标分类学考察 [J]. 全球教育展望，2020，49（10）：13-26.

[45] 王灿明. 情境：意涵、特征与建构——李吉林的情境观探析 [J]. 教育研究，2020，41（09）：81-89.

[46] 陆海空. 课程改革背景下中学生英语学科核心素养培养策略探究——以常州市中学英语教学实践为例 [J]. 教育观察，2020，9（27）：87-89.

[47] 胡晓玲，赵凌霞，李丹等. 游戏化教学有效性的系统评价与元分析 [J]. 开放教育研究，2021，27（02）：69-79.

[48] 高振宇. 基于游戏的儿童哲学探究：理论依据与实践模式 [J]. 教育发展研究，2021，41（02）：26-35.

[49] 向琴．文化图式理论在高中英语听力教学中的实证研究［D］．重庆：重庆师范大学，2017．

[50] 施旦丹．大学生信息焦虑影响因素实证研究［D］．哈尔滨：黑龙江大学，2019．

[51] 郝红莉．语境在初中英语词汇教学中的实验研究［D］．延安：延安大学，2019．

[52] 余爽．自然拼读法在中职英语词汇教学中的应用研究［D］．重庆：西南大学，2020．

[53] 李静钰．基于图式理论的初中英语阅读教学模式研究［D］．银川：宁夏大学，2021．